体育

是门必修课
青少年运动的方法论

李拼命 · 编著

化学工业出版社
·北京·

内容简介

《体育是门必修课——青少年运动的方法论》以国际公认的体能训练方法论为核心，深入探讨体能训练对青少年全面均衡发展的重要性，不仅能改善目前普遍存在的青少年亚健康问题，更能有效提升其运动表现。

本书共分七章。作者从个人经历与教学经验出发，基于青少年运动发展的经典模型，提供了科学且可行的训练计划，并关注运动员的营养摄入与心智成长。书中提供了训练前系统评估的工具和方法，为个人训练计划的制订提供了依据。在体能方法论的八大训练支柱中，配备了动作库，使训练内容丰富且具备高度选择性，适合不同水平和需求的读者。

针对普通青少年，书中提出的体能训练框架，结合不同成长阶段的特点，明确培养重点，涵盖从动态热身到恢复的实用方法，帮助增强体质、发展心理韧性和综合能力。针对专业运动员，书中反思过早专项化的弊端，结合长期发展模型，提供科学的评估工具和精细的训练方法，以提升运动表现、预防伤病并延长职业寿命。

无论是普通青少年及其家长，还是专业运动员及教练，本书都提供了一套科学、实用的体能训练方法，是推动青少年健康成长与运动表现提升的重要参考。

图书在版编目（CIP）数据

体育是门必修课：青少年运动的方法论 / 李拼命编著. -- 北京：化学工业出版社，2025.3. -- ISBN 978-7-122-47214-4

Ⅰ. G808.17

中国国家版本馆CIP数据核字第20256QQ284号

责任编辑：丰　华　李英涵　　　　装帧设计：锋尚设计
责任校对：赵懿桐

出版发行：化学工业出版社
　　　　　（北京市东城区青年湖南街 13 号　邮政编码 100011）
印　　装：北京宝隆世纪印刷有限公司
880mm×1230mm　1/32　印张 6¼　字数 200 千字
2025 年 2 月北京第 1 版第 1 次印刷

购书咨询：010-64518888　　　　　　售后服务：010-64518899
网　　址：http://www.cip.com.cn
凡购买本书，如有缺损质量问题，本社销售中心负责调换。

定　　价：128.00元　　　　　　　　版权所有　违者必究

Physical Education: a Must-Have Course

Physical Education(PE) is indeed a "must-have course" because it contributes significantly to the holistic development of students. Here's why:

1. Promotes Physical Health: PE helps students develop the habit of regular exercise, reducing the risk of lifestyle diseases such as obesity, diabetes, and cardiovascular conditions.

2. Enhances Mental Health: Engaging in physical activities improves mental well-being by reducing stress, anxiety, depression, and by boosting self-esteem.

3. Fosters Social Skills: PE encourages teamwork, communication, and collaboration through group activities and sports, which are essential life skills.

4. Develops Motor Skills: It builds physical competence by improving coordination, balance, and flexibility, which are crucial for daily tasks and overall mobility.

5. Teaches Discipline and Resilience: Regular physical training cultivates discipline, goal-setting, and

perseverance— essential traits for success in any field.

6. Encourages Lifelong Wellness: Exposing students to a variety of physical activities fosters an appreciation for active living that extends beyond the classroom.

7. Provides Academic Benefits: Studies show that physical activity boosts cognitive function, improving focus, memory, and overall academic performance.

In essence, Physical Education is not just about sports or exercise but about instilling the foundation for a healthier and more balanced life. Its inclusion as a mandatory course ensures that every student gains access to these lifelong benefits.

Daisy L. Talattad. PhD

School Principal II

Peñablanca East Central School

作为一名 CBA 前职业篮球运动员，我深知体能和心智对于运动员职业生涯的重要性。《体育是门必修课——青少年运动的方法论》这本书，不仅是一本关于如何科学训练体能的指南，更是一份关于培养青少年运动员全面素质的蓝图。

书中，作者李拼命以自己的亲身经历和专业知识，深入浅出地阐述了体能训练的科学原则和实践方法。

从基础的热身到复杂的周期训练，从营养摄入到恢复策略，每一个环节都娓娓道来，让人受益匪浅。特别值得一提的是，书中对于青少年运动员心智成长的重视，让我深有共鸣。在竞技体育的世界里，强大的心理素质往往意味着更强的竞争力。

我推荐这本书给所有致力于培养下一代运动员的教练员、家长以及运动员本人。它不仅提供了具体的训练方法，更重要的是，它教会我们如何培养出既有强健体魄又有坚韧心智的运动员。在体育的道路上，这将是一盏指引方向的明灯。

季乐

前 CBA 职业篮球运动员

获得 4 次 CBA 总冠军

点燃青少年体育火种！如今，青少年健康成长备受瞩目，体能发展更是重中之重。这本《体育是门必修课——青少年运动的方法论》悄然登场，承载着关键使命。

作者深谙青少年身心特点，字里行间充满专业沉淀与实践洞察。书中既有理论的精要讲解，为体育根基夯实基础；又铺就实操路径，趣味训练、日常监督、阶段评估一应俱全。它打破了体能训练的晦涩门槛，让家庭和校园都能轻松上手，成为孩子身边的专属"体能教练"。

相信这本书的问世，将在教育和体育领域掀起波澜，启发各界更加重视青少年体能，促使孩子主动参与运动，拥抱活力满满的成长。愿小读者们借助此书，踏上强健体魄的康庄大道。

张建业

职业体能师

8 年国家队体能师，2 次参与奥运会保障工作

运动员吴易昺体能师（吴易昺曾获青少年
ITF 世界排名第一）

少年时期科学的体能训练有多重要？李拼命的一个故事让我印象非常深。一个职业足球运动员，年近 30 岁，找到李拼命进行为期一个月的体能训练。作为足球运动员，他的训练重点是提升三项——爆发力、速度和灵敏度。每周三次训练，一个月之后，这名运动员的力量素质几乎翻倍，速度和灵敏度也有大幅提升。运动员感慨，小时候的训练太不专业，如果那时候能有这样的专业训练，现在的成绩会完全不一样。很明显，这个运动员曾经错过了体能训练的最佳窗口期。

最新研究表明，青春期之前如果开始综合神经肌肉训练，并持续到青春期结束，不仅能放大成年后的运动潜力，还能减少运动损伤，提高整体运动能力。

当然，前提是科学训练。成长需要思维的转变，成功需要信念的飞跃。李拼命通过多年实践和学习，深刻体会到青少年训练窗口期的重要性。这本书是他多年实践经验的总结，能切实帮助到正在接受训练的孩子们和他们的教练。

定焦大叔

前调查记者

25 年医疗媒体人

我们那一代人常常是用身体换成绩、用身体换艺术。多年以后，许多人都满身伤病。而这本书是将运动康复融入训练体系，在尊重孩子生长发育规律的基础上，去设计训练，提前预防身体可能出现的各类运动损伤。感谢作者的用心，希望更多人去学习运动人体科学，只有明白运动原理，才能实现无伤训练，让下一代孩子更勇敢地去追自己的梦想。

段修野

公众号《人体科学》主编

如果我小的时候，有个权威能给我讲讲运动方面的科学知识，我或许就不会在小学 5 年级的时候打乒乓球扭伤左脚踝后还继续每天打球，最终导致形成了老伤；如果我的左脚踝没有形成老伤，我可能就不会在 19 岁的时候打篮球扭伤左膝；如果我没有在扭伤后继续打球，我的左膝韧带可能就不会形成撕裂；如果我没有在撕裂以后置之不理十多年，我就不会在 35 岁的时候就把膝盖软骨磨损得像 60 岁的样子，还把韧带彻底摔断，然后进医院做 ACL 手术。后悔不能改变命运，但知识可以。

锵锵三分钟

抖音两性问题独立研究者

虽然"德智体美劳"被视为当今青少年应具备的全面素质，但在"体"上面暂时没有得到很好的落地，甚至有人认为过早参与体育运动会影响身高或导致受伤。其实，科学的运动是有助于身体以及各项素质的全面发展的。这本书的意义不仅是在体能训练，更是青少年全面发展的要素之一。通过科学的方法，让孩子马上就能动起来，发展肌肉力量、速度和爆发力。书中涵盖了扎实的基础理论，同时也提供了系统的评估筛查和各项训练方法论。家长对于孩子的培养不但要文明其精神，还有野蛮其体魄，孩子才能够走得更远、更踏实。

运动科学

全网百万粉丝博主

这本书以真实经历为引，融合科学理论与实践案例，系统阐释青少年体能训练与长期发展策略。内容实用且激励人心，为家长、教练和运动爱好者提供科学指导，助力构建健康体魄与养成终身运动习惯。

金米加

北京体育大学博士

资深体育从业者

有些家长发现，自己的孩子花了很长时间运动，但体育成绩却提高不多；或者花更多时间运动，成绩不仅没提高，伤病却多了，经常出现膝盖疼、脚踝疼等问题。这种事倍功半的现象可能就是不知道青少年体育运动到底应该怎么训练。李拼命老师在这本书里就讲了青少年在不同年龄段应该主要训练什么，怎样才能有效地提高运动能力，避免什么训练，才能防止受伤。推荐家长看看这本让孩子运动事半功倍的青少年运动书。

张展晖

知名运动教练

《掌控》《跑步治愈》作者

科技飞速发展的现代生活，为人类提供了诸多便利，却让我们的"远古身体"越来越无法适应。青少年们被学业压得喘不过气，近视、肥胖、体态不良、力量不足等问题早已迫在眉睫。

李拼命老师将理论与实践相结合，在青少年体能训练领域深耕不辍。本书总结了当前关于青少年体能训练的许多科学认知，推荐体育工作者与家长们以此书为训练纲要，帮助孩子们拥有更加健康的体魄。

范政

OK 格斗学院主理人

MJP 与 Parisi 青少年体能训练体系传播者

在时代飞速发展、竞争日趋多元的当下，青少年的成长路径不断拓宽，却也面临着前所未有的挑战。学业负担如影随形，电子产品的诱惑纷至沓来，久坐室内已成生活常态，青少年的身体素质悄然拉响警报，近视率攀升、体能下降、肥胖增多等问题日益凸显。此时，李拼命老师的《体育是门必修课——青少年运动的方法论》宛如济世良方，为孩子的健康成长与全面发展筑牢根基，其意义深远，影响悠长。推荐各位家长与孩子一起阅读。

王政博

CBA 前职业篮球运动员

2016—2017 赛季 CBA 总冠军

轻松真诚的文字，科学前沿的数据图片，专业的科研结果，对于一个非专业但注重锻炼的运动爱好者来讲，这本书的出现真是如饮甘露，酣畅淋漓，如获珍宝。此书引导运动者结合心理和年龄特点，并借助科技测量手段，高效合理地提高体能训练质量，是一本难得一见、极具价值的运动科普读物，倾情推荐！

余珍珍

教育从业者

语言学博士

　　无论你是专业教练，正在寻找教学灵感，还是运动爱好者，渴望突破自我，抑或是家长，关注孩子的健康成长。只要你想挖掘身体潜能，开启高效的体能训练，本书都是不二之选。

王刚（森与未来）

知名体能教练

　　这本书深刻阐述了体育教育在个人成长和社会发展中的独特价值。从体能训练方法到心理韧性，从营养指导到恢复策略，以科学的分析揭示了体育带给人生的深远影响。它提醒我们：体育不仅是一种活动，更是一门人生必修课。让我们在奔跑中感受力量，在坚持中寻找突破，在竞技中学会共赢。

高子棋

中超女足裁判

本书结合作者多年的研究与亲身训练经验，共分为七个章节。从作者的成长经历和从业经历展开，有理有据有实践，为青少年及家长提供了极具参考价值的指导。为青少年高效训练、健康训练助力。

凌峰

资深体能教练

0124 运动表现中心创始人

一位具有观察力与好奇心的专业运动教练，从当代运动科学的观点与实际教学经验出发，为有志成为教练、提升自己运动能力的人提供了详细的指导和实战心得。

曾浩年

《亚洲周刊》编辑

北京大学博士

在翻开本书之前，许多青少年的家长和教练可能都会有类似的疑问：

"什么是体能训练？"

"体能训练真的有用吗？这会不会是'割韭菜'的套路？"

"我家孩子不是搞体育的，也需要练体能吗？"

"体能训练和力量训练会不会影响孩子长高？"

"我家孩子已经在练篮球/足球了，还需要单独训练体能吗？"

"我家孩子的体能挺好的，不需要再刻意训练了吧？"

"体能训练到底应该怎么练？"

这些问题，本书都会一一解答。更重要的是，我将为您提供一套系统、长期且行之有效的体能训练方法，方便您在实践中使用。

体能训练不止于身体发展

传统观点认为，体能训练主要是提高身体各方面的运动能力。实际上，体能训练的意义远不止于此。

它不仅关乎身体的强健，更是培养体育素养的重要途径。

体育素养是一个包容性的概念，涵盖了体育技能、体育态度和终身体育等多方面的成长。随着时间的推移，这些元素不断演变，以适应人在一生中的不同阶段所需要参与的身体活动。因此，体能训练不仅是在增强身体素质，更是在促进全面的发展。

这种多维度的训练与培养，可以帮助青少年奠定坚实的身体和心理基础，不仅是为他们的运动生涯铺路，更是为他们的未来人生打下基础。

◇"训练不只是训练，它关乎青少年的体育素养。"

思维素质决定未来

当你决定走上运动的道路时，无论为何开始、起点是什么以及目标如何，你都需要明白：决定一个人体育发展高度的因素，不仅是专项能力或身体素质，而且是思维素质。

这种思维素质在体育中被称为"冠军思维"。无论是成为顶尖运动员还是在某一领域取得卓越表现，这种思维素质都是不可或缺的。本书将通过真实案例、执教经验以及科学研究，帮助您深入地理解这种关键的思维素质。

◇"任何层面的成功，本质上都是信念的飞跃。"

读完本书，您将获得什么？

① 了解青少年体能训练的科学依据。

② 熟悉青少年在不同阶段运动发展理论的科学依据。

③ 打破"训练影响身高""增加损伤率""受伤后必须静养"等谣言。

④ 掌握动作监测和评估的方法，确保体能训练能够有效地预防运动损伤。

⑤ 掌握训练青少年运动员发展肌肉力量、速度和爆发力的方法。

⑥ 最大限度地激发青少年运动员的综合运动表现潜力。

⑦ 理解如何通过体能训练帮助运动员在比赛中脱颖而出。

这不仅是一本讲述体能训练的书，更是一份关于青少年全面发展的指导。愿这本书成为您和孩子在健康与成功道路上的助力。

感谢您阅读本书，希望这本书能真正帮助到您和您的孩子。

最重要的是——让孩子从现在就动起来！

目录／CONTENTS

第1章
我、训练、运动员

第2章
青少年运动员的体能方法论

第 3 章

青少年运动员的长期运动发展

第 4 章

训练前的系统评估筛查

第 5 章

体能方法论的八大训练支柱系统

第6章

青少年运动员的营养和恢复策略

第7章

青少年运动员的心智成长

第1章

我、训练、运动员

> " 不要因为你走得远了，而忘记了为何出发。 "

许多人认识我是因为各种标签："知名体能训练师""百万粉丝体育大 V""体育博士生""体能方法论系列课程作者"。但其实，李拼命不过是一个普通人，甚至有些糟糕。我和许多人一样，仍在路上前行。

童年的躁动与体育的起点

从小，我就与体育结下了不解之缘。幼儿园的时候，我被认为是"多动症儿童"，甚至出现了疑似 ADHD（注意缺陷多动障碍）的症状。我的父母认为，只有体育活动才能消耗我过于充沛的精力，所以从小学开始，我就不断接触各种体育活动。

最早接触的运动是乒乓球。在一二年级时，由于学校里乒乓球台很多，我自然而然地开始练习这项运动，一打就是四年。为了训练，我每天早到校、晚离校，甚至连周末时间也都在打球。虽然体育带给我很多快乐，但那时候的我内向、自卑，甚至自我怀疑。也因此在当下的学习中，我会特别去阅读关于运动改造大脑的科学文献，常常怀疑体育是否真的能提升认知，因为我的童年经历似乎并未验证这一点。

随着成长，我渐渐意识到，我们对"智力""认知"和"聪明"的理解其实存在偏差。小时候的我和许多人一样，把成绩好、考高分当作聪明的标志，忽视了全面发展的重要性。

乒乓球里的"投机取巧"

尽管学习成绩平平，但我对体育的热爱始终不减。在四年的乒乓球训练中，我发现了自己身上的一个特质——喜欢找捷径。乒乓球讲究战术与技巧，比如进攻、防守时的不同打法等。当时，我并不擅长进攻抽球和拉球，于是专注于研究发旋转球，因为我发现这可以让我用较少的力气赢得比赛。每当遇到打得好的选手时，我就观察他们如何发球，然后偷偷模仿，并在比赛中靠发球得分。

久而久之，光靠发球，我就能在许多比赛中胜出。虽然只掌握一个技能无法让我成为顶级选手，但这足以让我在同龄人中脱颖而出。

"儿童时期和少年时期是性格形成的关键期，长时间中高强度训练能有效刺激愉悦激素分泌，长期系统训练还能促进学习能力提升，完善思维模式，提高警觉力、注意力、驱动力，让神经细胞准备就绪，并促使它们相互连接起来，这是连通新信息的细胞基础。同时可以激发海马体的干细胞分化成新的神经细胞。而前额叶皮层会吸纳身体运动技能产生的心理力量，并在学习情况下发挥作用。"
——引自《运动改造大脑》，浙江科学技术出版社 2023 年出版精力充沛、内向、成绩平平、喜欢找捷径，这就是刚刚接触体育的小学时期的我。随着后来我对体育的研究，当初这段经历教会了我一个道理——不要自我欺骗。

◇"你可以欺骗别人，但终究骗不了自己。"

乒乓球之外的篮球热情

到了五六年级，乒乓球已无法满足我的活动需求。我开始迷上当时最火的篮球。在老妈的支持下，我还在假期参加了市业余体校的篮球集训，也慢慢地丢掉了乒乓球。那时，老爸曾对我说："你这样换来换去，不持之以恒，注定一事无成。"然而我发现，只要是自己感兴趣的事情，我总会全心投入。这种专注让我体验到了心理学中的"心流"。

心流指的是，当你专注于做一件有挑战的事情时，会忘记自我，甚至失去对时间的感知。所有与这件事相关的信息都会自然而然地涌入脑海，即使再困难，你也能感到愉悦。

小时候打篮球时，我经常不知不觉打到深夜，家人不得不来学校找我。我妈常问："怎么还不回家？"而我总是答："忘了，同学还没走。"等反应过来时，已经快10点了。相比之下，文化课的时间却无比难熬。这种强烈的反差让我至今印象深刻。

体育中的自我认知与成长

随着时间推移，我渐渐明白：一个人很难在不感兴趣的事情上取得长久的成功。诚实面对自己，做真正喜欢的事情，才是长久投入的关键。在篮球训练中，我依旧保留着"投机取巧"的习惯，总想找到能以小博大的方法。这种追求让我不断探索运动中的技巧和捷径，就像在打乒乓球时专注发旋转球一样。

在学生时代，家长和老师往往以成绩论英雄。虽然我很少因为成绩不理想而挨训，但在课堂上，我常觉得无所适从，只有在球场上，我才能自信地抬起头。这种对比塑造了我的性格，也让我懂得诚实面对自己，做自己喜欢且擅长的事情，是通往成功的关键。

02 体育训练不能"投机取巧"

"投机取巧"的心理看似能带来短暂的成功，但实际上是限制成长的一大障碍。虽然我在打乒乓球中靠着这一点找到了自信，但在打篮球时却屡屡碰壁。篮球是多人项目，而我的突破口仍然是观察、模仿那些出色的球员。最让我印象深刻的动作就是"艾弗森变向"——艾伦·艾弗森（Allen Iverson）极具代表性的体前变向运球（Crossover Dribble），大幅度的变向与身体晃动几乎能突破任何防守者。当时有位球友掌握了这招，几乎无人能防。

于是，我又开始苦练这个技巧，花费大量时间，终于练得炉火纯青。打野球单挑时，只要不是体力不支或缺乏求胜欲，我往往能取胜，因为我有几个特别熟练的招数。我也渐渐意识到，老球员与初学者的关键区别就在于是否掌握一项"看家本领"。

然而，得意之余，我也迎来了一次深刻的教训。这次教训让我明白：过于依赖"一招鲜"会让人停滞不前，无法适应多变的环境。

◇ "训练是让过去的经验停留在过去，而塑造未来则是让过往的经验成为未来的基石。"

那是中学时期的一个周末，我与同学们约好在体育场打野球，规则是六分制，先到六分者胜。当时的场景记忆犹新，我沉浸在自信中，觉得自己娴熟的变向足以轻松过人，现在想想真是可笑。

比赛开始。同学把球传给我，我接球后一个体前变向，顺利突破防守，上篮得分。对手的中锋还称赞道："嘿，这兄弟有球呀！"（有球就是有两下子的意思。）

第二球再次传给我，我的手感正热，再次变向过人，轻松突破，但这次不一样了。篮下的中锋早有警惕，站在我和篮筐之间，提前做好防守准备。这一次，我在突破后并未成功上篮得分。

这次进攻失败让我心里"咯噔"一下，队友的表情也流露出一丝不信任的失望。那场比赛的结果是我们以一比六输掉了比赛，因为我们三人几乎没练过防守，团队协作严重不足。

那次的失利让我反思：篮球是一项团队运动，依赖个人技巧很难获胜，没有一招百试百灵的"妙法"。项目不同、场景不同、性质不同，只有我的心态未随之改变。

◇"投机取巧"心理害人不浅。当你选择轻松的路，未来的训练和生活将会更艰难；而艰难的选择，才可能造就未来轻松的生活。

随着时间推移，我慢慢明白，成长需要独立思考。如果没有反思和怀疑的能力，消极和错误的思想会轻易地渗入你的头脑，左右你的行为。真正的成长在于不断质疑，不盲目接受。质疑的前提是深入学习、研究、实践，然后再进一步学习、研究、实践。只有这样，用实际结果去验证，才能真正提升自己。

03

绝望时在体育中生还

无数次的自我怀疑、无价值感和不确定性让我感到沮丧，但我仍然决定试一试。

我的篮球生涯止步于高中毕业，随后进入部队，成为一名空军。在5年的军旅生活中，我不仅完成了军校的学业，还收获了良好的身体素质。然而，退伍后，我渐渐发现自己难以适应平淡的生活。2018年下半年，我开始了人生中的第一次创业——运动工作室。当时，我一边创业一边在北京体育大学的在职硕士班进修。但由于缺乏创业的基本知识，这次创业几乎让我痛不欲生，回想起来依然感到后怕。

艰难中寻找前进的方向

创业初期，我的经济状况还算宽裕，刚从部队退伍，无论是存款还是精神状态都相当充足。然而，好景不长，很快发生了天翻地覆的变化。房租、器械、运营、人员、装修等各类成本迅速掏空了我的积蓄，我还借用了母亲近 30 万元，欠下了各种信用卡和金融债务。这次失败几乎让我在经济上归零。

创业失败后的那一年里，我开始了还债的生活。失败后的我深陷自我怀疑，每天都饱受煎熬。很长一段时间里，我无法忍受这种不愉快和不适，直到我看到马可·奥勒留的一句话："行动的障碍推动行动，挡路的东西变成道路。"这句话深深鼓舞了我。

面对磨难、挫折、质疑，每个人都会感到恐惧、紧张和自我怀疑，但我意识到，这同时是一次自我锻炼的机会，是一次提醒自己还有薄弱点，还有未知领域的机会。换句话说，好事不过喜，坏事不过忧，在困境中成长，在过程中不断进化。

2018 年至 2019 年这段时间的创业经历让我逐渐醒悟，创业不是追求结果，而是一个不断学习、实践、反思和再学习的过程。尽管精神状态一度低落，但在2019 年底，我逐渐恢复了元气。其实，当人在谷底时，任何一句话都可能成为打击，抑或是希望。而在北体大的学习过程中，我对学习产生了热情，感觉每天都在"充能"，每天都期待能够被某句话唤醒。

爱因斯坦说："我最乐于去做的两件事——每时每刻保持强烈的好奇心和想尽一切办法推翻自己的理论直到无法推翻。"

第一次创业时，我是否保持了好奇心？几乎没有。

我是否掌握了必备的信息？并没有。

创业前，是否知道会失败？大概率是知道的。

身边人认可吗？几乎没有人支持，除了我妈。

结果如何？创业失败了，但我的人生从此真正开始。

尼采曾说："那些不能杀死你的，都会使你更强大。"一句话在关键时刻往往能点燃希望，这也正是我决定写这本书的原因。虽然一路上充满了煎熬和困境，但内心深处隐约觉得自己走在正确的道路上。我知道，相比许多创业失败的大龄企业家，我的经历并不算什么，但依然有一种强烈的分享欲，希望通过我的经历和反思，带给大家一些启发。

就在写这本书而焦头烂额的时候，我听作家冯唐讲书时说："你觉得很辛苦，就去 ICU 或者墓地看看。"这句话让我深受触动。

重新崛起，走向正轨

我有过多次创业经历，而在前文中分享的第一次失败是最懵懂、最无知的，也是最惨痛的。它让我意识到知识和信息的重要性。

我开始大量阅读，做自媒体，考取了许多体能康复相关证书，带训练课，结识了大量青少年运动员和职业球员。在 2019 年至 2020 年期间，我还与朋友合伙开设了体能训练中心。由于知识储备的增加，我渐渐得到了认可，也积累了一些社交媒体粉丝和学员，事业逐渐走上正轨。

可能你已经察觉到，我在描述过程中隐藏了很多痛苦的细节。首先，我不希望这些痛苦蔓延，其次，从人性的角度看，大多数人并不真正愿意了解别人有多苦，而是希望通过别人的故事获得成长和启发。

我真正想说的是，这一切看似平常，但在当时却深深影响了我。失败和痛苦没有高低之分，区别在于当事人能否从失败中学习和反思。

◇ 一件小挫折和一件大挫折都可以改变一个人的命运，只要你愿意。

重生与新使命

时间来到 2022 年，随着学习的深入和经验的积累，我终于还清了债务，并获得了几十万的粉丝。我不确定自己到底经历了什么，但我知道，我从未消极对待生活的每一天，我对自己始终保持尊敬和诚实，渴望学习更多、探索更多。

2021 年某天，我将社交媒体的名字改为"李拼命"。

在 2021 年至 2022 年，我对体能训练和康复技术近乎痴迷，认为它们拯救了我的生命。

2022 年 1 月，我通过自媒体招生以及线上线下带训，还清了所有债务，总额约 100 万元。

2022 年底，我从北京体育大学的课程中退出，因为我无法适应固定 PPT 内容的学习。同时我也退出了在北京的体能中心项目。

同年年底，我拿到了菲律宾圣保罗大学（Saint Paul University）的Offer，开始硕博连读，方向为体育科学教育。

2023年，我边学习边通过自媒体创业，推出了自己的"体能方法论"线上体能课程。课程上线后获得了极大的关注和认可，我将在后文详细分享课程的设计细节。

2023年10月1日，我创立了"李拼命体能表现训练基地"。

◇ 体育不仅塑造了我的使命，也真正拯救了我。

04

职业球员错过了体能"最佳窗口期"

强壮的三个阶段：强壮开始——童年；强壮起来——成年；保持强壮——晚年。

2021年，我曾带训了一名职业足球运动员，这段经历让我至今难忘。在非赛季的近一个月时间里，我们进行了短期体能训练，取得了飞跃式的进步。虽然成绩令人满意，但其中的艰辛只有我们两人清楚。作为一名1993年出生的"大龄"运动员，身体机能随着年龄增长而自然下降，同时，他在青少年阶段缺乏系统体能训练的开发，这是职业生涯中的一大遗憾。

窗口期的重要性

在一个月的训练期间，我们每周大约进行三次训练，双方都非常重视这次训练。在过程中，我们不断调整、沟通、探索。我作为教练的目标有两个：①尽量弥补青少年时期体能训练不足的影响；②在有限时间内，通过系统训练，最大限度地提升他的爆发力、速度和敏捷性。而他的目标非常明确，就是在最大限度地避免受伤的同时，提升体能储备和运动表现。

我们设计了详细的训练周期计划，开始系统训练。我对他的力量、速度、爆发力等多方面进行全方位监控，最终在短短数十天内，取得了显著进展：力量素质接近翻倍，而速度与敏捷性都有巨大提升。

训练结束归队前，他感慨道："我们小时候训练太不专业了，如果那时候有机会和您一起练，现在肯定是完全不一样的局面了。"

听完他的话，我深受触动。那一刻，我对体能康复，特别是青少年阶段的训练有了更加深刻的理解，也第一次对自己的职业产生了如此强烈的敬畏感和使命感。

在本书中，我们将探讨"窗口期"这一概念。青少年阶段缺乏的体能训练在成年后往往很难完全补救，这不仅是人生长发育规律的结果，同时也是体能发展过程中错过的黄金机会。虽然成年运动员通过科学训练依然能获得提升，但他们的"天花板"几乎达不到青少年时期接受过系统体能训练的高度。

研究支持

在《当前运动医学报告》上，有一篇名为"何时开展综合神经肌肉训练以减少与运动有关的损伤并增加青少年长期健康"的文章。这项研究指出，综合神经肌肉训练在青春期前进行，并且持续到青春期结束，可以最大化青少年成年后运动表现的潜力。文章还建议，将青少年的力量和综合体能训练与早期竞技体育参与结合起来，这不仅能减少运动损伤，还能提高整体运动能力，这些观点引起了家长、运动员以及相关从业者的广泛关注。

在研究模型中，科学家比较了不同青年时期开始的综合神经肌肉训练的效果——青春期前与青春期后的区别。结果显示，越早开始系统训练，越有可能提高整体运动能力，使其超越自然的成年水平。研究还提到，缺乏结构化恢复期的过度训练可能对青年造成潜在的有害影响，因此在训练中融入恢复期是至关重要的。

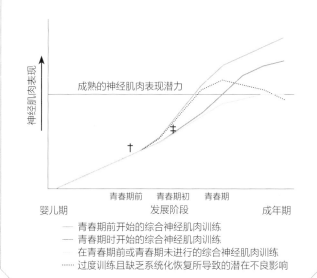

— 青春期前开始的综合神经肌肉训练
— 青春期时开始的综合神经肌肉训练
— 在青春期前或青春期未进行的综合神经肌肉训练
…… 过度训练且缺乏系统化恢复所导致的潜在不良影响

05

反思、好奇与诚实——我和运动员一起成长的故事

成长需要思维的转变，成功需要信念的飞跃。

我时常用这句话激励自己，也希望它同样激励你。接下来我想分享我与青少年运动员王伽一的故事。2022年，我与年仅11岁的王伽一相识，他的爸爸找到我，希望我能带他进行体能训练。彼时，信任在"李拼命体能训练中心"里弥漫开来。王伽一有着丰富的训练经历，在我们每周两次的体能训练中，不仅使他有所进步，也让我与他一同成长——这是我近十年职业生涯最大的收获之一。从这些青少年运动员身上，我学到了诚实、可靠、怀疑与反思。

王伽一经常突然问我："李指导，为什么要练这个？这有什么用？它能提高什么？如何验证？"

任何教练面对这样的问题时，都会有情绪波动，尤其是负面情绪，因为这类问题可能让教练感到权威受到挑战，或者意识到自身的知识储备不足。诺贝尔

奖得主理查德·费曼曾说："对自己诚实，因为你是最容易被自己欺骗的人。"从心理学的角度看，这正是我们作为教练的自我"Ego"在作祟。然而，如果每一次运动员的提问都能促使我们深入反思，真正的提高往往就隐藏在反思之中。

我时常在想，运动员想问的究竟是什么？是怀疑吗？他们需要的是确定性，还是一个标准答案？

在与王伽一相处的两年中，他取得了很大进步，拿到了国家一级运动员等级证书，并准备冲击运动健将。始终如一的优秀和坚定让他走得更远。虽然，这主要归功于运动员自己、父母和专项教练的努力，但如果你真正了解运动科学、生理学和神经科学，你会发现一定存在某种相关性。

还记得第一次带王伽一训练，我让他做了跳远测试，结果是 160 厘米。观察后，我调整了他的技术动作，重新测试，他跳出了 180 厘米的好成绩。王伽一的父亲告诉我，在回家的路上，他们有这样一段对话：

"爸，李教练通过测试就能推断出我能跳多远！"

"是吗？"

"他甚至比我更了解我的身体机能。"

"有可能。"

"感觉他有点本事，比较科学。"

"不错。"

如今，我和王伽一仍然在自己选择的道路上继续前行。回想三年前的训练经历，加上他始终如一的坚定和好奇， 个清晰的洞察浮现出来——好奇心对能力的发展是有益的。

爱因斯坦说："我没什么特别的天赋，我只是充满好奇。"

关于王伽一的成长故事，不止这一例。好奇心与实用主义精神帮助了他，反思帮助了我，而诚实帮助了我们。这是我们共同成长的价值所在，也是我作为教练的最大收获。

⊘ 误区！青少年体能康复需静养？

大多数人都知道青少年体能训练的重要性。然而，如果孩子受伤了，无论是脚踝还是膝盖，传统观念通常倾向于先让孩子静养，然后进行康复训练，最后强化体能。但实践证明，这样的流程存在问题，往往会导致再次受伤。

- 静养会导致肌肉快速流失，力量下降。
- 康复训练只能缓解部分症状。

静养和康复训练并不能使肌肉、骨骼和关节完全恢复至受伤前的状态和强度，身体整体未达到最佳，导致在恢复运动后容易再次受伤。

如何判断孩子是否可以回归正常运动强度？最简单有效的方法是通过体能训练使体能水平超越受伤前的状态。这也是我一贯带运动员训练的基本策略。关注体能的恢复与提升，有助于降低受伤风险。

在我的训练体系下，运动员的受伤率极低，因为我始终强调预防与全方位的体能发展。

第2章

青少年运动员的
体能方法论

01

青少年体能的相关定义

健康体适能

通过合理的运动锻炼、均衡营养和健康的生活方式，保持良好的身体健康水平。主要关注心肺耐力、柔韧性、肌肉耐力和身体成分等方面。

体能表现力

指在运动和体育比赛中提高表现的各类技术能力，包括敏捷、平衡、协调、爆发力、反应时间和速度。需要精确自信地重复完成动作，具备较高的动作技巧、力量、功率、速度、敏捷性、平衡、协调和耐力。

体商

提升生命质量的综合能力，包括身体活动的动力、自信心、运动能力、认知水平和理解力。

运动员

在本书中，运动员是指任何希望保持运动习惯、提升体能表现、发展身体潜力的人，无论年龄、性别、身体条件，无论参与的项目，更无论训练的目的是培养专项技术、参加比赛，还是只是保持健康的体适能。

02　青少年的亚健康问题

随着电子游戏、智能手机等电子产品的普及，以及学习压力的增大，越来越多的孩子习惯于久坐等室内活动。这种生活方式导致了一系列与缺乏活动量相关的问题，比如体重增加、灵活性和协调性下降，甚至影响社交能力和包容性。

我们都知道，久坐不动的生活方式会显著增加成年人患冠心病、高血压、糖尿病等慢性病的风险。而在过去 10 到 20 年中，越来越多的人关注青少年的体能健康，也有相关研究发现，许多风险因素，如高血压、高胆固醇、肥胖等，已在青少年身上得到确认，这意味着青少年也有可能患上这些成年人的疾病。

由于孩子在放学后大多缺少运动，教会他们积极的态度和锻炼的重要性尤为关键。特别是在孩子年幼时，让他们享受运动的乐趣，体会身体健康的好处，不仅有助于今天的健康，还将对成年后的生活产生积极影响。

青少年体能训练的基本目的包括：

- 提高满足日常活动的能力。
- 改善体能测试的表现。
- 改善自我形象，增强自信心。
- 降低患慢性疾病的风险。

体能训练与健康

体能训练应被视为促进青少年健康的重要组成部分。运动应成为一生的追求。健身教练、教育工作者和家长可以通过教育孩子认识到运动的益处，将运动视为一种乐趣，帮助他们养成终身运动的习惯。研究表明，青少年对运动训练的反应与成年人类似，通过系统锻炼和生活方式的改变，青少年的健康状况和运动表现均能得到显著改善。而健康意识强、习惯健身运动的青少年，最有可能成长为健康爱运动的成年人，一生获益。

青少年的发育特点：

①神经系统：青少年的神经系统发育对运动能力和学习表现具有重要影响。神经系统负责调节自主和非自主行为，分为中枢神经系统和周围神经系统。周围神经系统包括躯体神经系统（控制骨骼肌的收缩与放松）和自主神经系统（调节内脏器官、血管和腺体的功能）。

②内分泌系统：青春期的生长高峰通常在女孩 10 至 12 岁之间开始，男孩比女孩晚 1 至 2 年，出现在 12 至 14 岁之间。青春期时，激素水平的显著变化不仅推动身高和骨骼的快速生长，还会影响体型、身体成分、骨骼发育、肌肉－肌腱结构和功能、心肺功能、新陈代谢以及认知发育等多个方面，产生深远影响。

③肌肉骨骼系统：青少年肌肉的特点包括含水量高，蛋白质、脂肪和无机盐含量较少，收缩功能较弱，耐力差，易疲劳但恢复较快。肌肉训练应以动力性练习为主，负荷和组数不宜过大，避免局部肌肉的重复刺激。

④关节系统：青少年的关节软骨较厚，关节囊和韧带具有较大的伸展性，关节周围的肌肉较为细长，因此关节的活动范围大于成人。然而，他们的关节牢固性较差，容易发生脱位。在训练中，应注意合理控制负荷和活动幅度，避免在过硬的场地上进行剧烈的蹦跳。

⑤心肺系统：青少年的心肌纤维较细，心肌收缩力较弱，每搏输出量较少，心率较快。胸廓较狭小，呼吸肌力量较弱，呼吸频率较快，肺活量和肺通气量较小，因此对高强度运动的适应能力较低。在进行心肺训练时，应佩戴心率监控器，控制训练强度，并增加间歇。

⑥代谢系统：代谢系统提供能量，影响运动表现，并与运动强度密切相关。代谢能力随着年龄增长而逐步发展，并可通过体适能训练得到提升。青少年在训练中易感到疲劳，但其恢复能力较快。

⑦免疫系统：适量运动可以提升青少年的免疫力，但不良情绪、营养不良或过度训练可能导致免疫力下降。因此，应避免过度训练，以免对免疫功能造成负面影响。

体适能教练应理解不同年龄段儿童的心理差异，以更好地与他们沟通。儿童心理发展可分为四个阶段：学龄前阶段（3～5岁）、小学低年级阶段（6～8岁）、小学高年级阶段（9～12岁）和初中阶段（13～16岁）。其心理发展可从两个维度理解：认知发展和社会情感发展。认知发展指儿童对世界的构建和思考方式的变化，包括感知、记忆、思维、想象和言语等方面；社会情感发展则是指儿童在人际交往中的需求和情感的变化，包括对自我与他人的认知、情感体验、道德意识以及社会行为的成长过程。

青少年运动员体能训练的重要性

《国际奥林匹克委员会青少年体育发展共识声明》指出，青少年运动员的运动损伤风险不断增加，主要损伤集中在下肢（60%）和脑震荡（15%）。男性运动员中，冰球、橄榄球、篮球、足球、摔跤、跑步和单板滑雪是损伤高发项目；女性则多在篮球、足球、冰球、体操、曲棍球和跑步中发生损伤。特别是只参与一项高度专业化运动的青少年运动员，损伤风险尤为高。

　　主要原因可概括为：

- 身体运动能力不足。
- 缺乏充分休息，训练过量。
- 过度集中于专项训练，比赛压力大。
- 缺少综合体能训练。

　　声明中还指出，虽然消除所有运动损伤是不可能的，但是合理预防可降低损伤的频率和严重程度。通过力量、耐力、平衡等多方面的综合神经肌肉训练，可以有效减少损伤发生率。父母和教练对运动知识的理解和重视是预防损伤的关键。

　　在 5～18 岁的青少年中，每年有近 700 万例运动损伤，常见类型包括擦伤、扭伤/拉伤、过劳损伤等。通过合理的体能训练，许多损伤是可以预防的。然而，很多青少年在 16 岁左右就逐渐减少有组织的运动，主要原因在于不科学的训练、运动能力发展受阻、缺乏趣味性和父母的期待过高。

5～18 岁青少年常见的运动损伤类型

　　体能训练包括力量、速度、有氧和无氧耐力、柔韧性及协调性的训练，其目的是增强人体心肺功能和运动系统的动力学能力。系统的体能训练能够带来诸多好处，有助于提升青少年的体育素养——即参与体育活动所需的动力、自信心、运动能力、相关知识和理解力。

03
青少年训练中的科学原则

知名功能性训练大师迈克尔·博伊尔（Michael Boyle）曾说："孩子不是成人的迷你版。"若将青少年当作成年人进行训练，往往会出现损伤、运动能力瓶颈、训练倦怠等问题。

| 幼儿 | 儿童 | 青春期 | 青少年 |
| 1~3岁 | 3~9岁 | 9~13岁 | 13~19岁 |

年龄分层

在青少年时期，实际年龄和生理发育并不完全对应，骨骼成熟度评估（如骨龄测试）才是判断发育的更科学的方法。

- 体重增加：青春期男性年增重 6~12.5 公斤，青春期女性则为 5.5~10.5 公斤。
- 身高增长：青春期男性每年增长约 7~12 厘米，青春期女性每年增长约 6~10.5 厘米。
- 发育时间：女孩在 12 岁达到身高增长高峰（PHV），男孩则在 14 岁。
- 肌肉质量：青春期男女肌肉量呈线性增长，女性在 15 岁趋稳，男性至 18 岁。
- 认知发展：青少年认知、协调和注意力逐步发展，训练设计需考虑他们的理解和注意力程度。
- 骨骺板闭合：骨骼的完全成熟通常在 20 岁左右。

家长若将体育训练视为文化课般急于求成或期望过高，易给青少年带来不必要的压力和损伤。研究表明，多数运动的高水平成就出现在较成熟的年龄段，如高尔夫在 30~35 岁，篮球/足球在 22 岁左右，羽毛球在 20 岁，网球在 18 岁。所以，很少有运动员在小小年纪就达到某项运动的最佳成绩，而青少年时期的训练应侧重于体能和技术积累，而非过早追求冠军，避免因此增加损伤风险。

04
各年龄阶段青少年的培养重点

在青少年的不同成长阶段，每个阶段的训练目标和内容都各不相同。下面给出的年龄范围只是参考，并不是固定的开始或结束时间。

0~5岁：早期阶段的培养重点

1. 以家长引导为主，教练辅助。

2. 重视基础运动模式的培养，而不是复杂的专项训练。

3. 逐步介入运动，避免急于求成。

4. 适合的活动包括跑酷、单杠、体操和滑冰等，这些运动有助于发展基础体能。

5. 家长可以陪孩子玩非结构化的游戏，如扔接球、蹦床等。

6. 以兴趣为主，不必追求系统化。

7. 神经可塑性强，可多体验不同的运动项目。

8. 早期的多样化活动有助于提升知觉，如身体意识、方向感、空间感、节奏感、触觉等。

任何力量与体能训练计划的主要目标都是提高运动表现并降低受伤风险。此外，在运动员伤病恢复过程中，力量与体能教练也发挥着重要作用。因此，力量与体能教练和专项教练必须密切合作，共同制订最佳的恢复计划，确保运动员能够尽可能快速且安全地重返赛场。

力量与体能康复教练能够与专项教练合作，是我们追求的目标之一。良好的配合是运动员全面发展的关键，同时，这也需要家长的积极参与，为运动员的成长提供支持和保障。

知觉发展的详细解释

身体意识：孩子逐渐认识身体各部位的名称及其功能。

方向感：学会辨别方向，知道身体的运动方向。

空间感：增强对周围空间的敏感度，了解身体在空间中的位置。

节奏感：能够跟随节奏运动，理解动作的顺序。

本体感受：在不使用视觉的情况下能感知身体的位置和姿态。

视觉：通过视觉接收信息并作出反应。

前庭平衡：发展前庭感知，帮助调节平衡。

听觉：分辨不同声音，处理声音信息并作出反应。

触觉：通过触摸感知物体，增加手部和身体的触觉体验。

6～12岁：多样化发展阶段的培养重点

1．继续关注身体的全面发展，而非竞赛。

2．接触多种运动项目比早期专项化训练更有助于整体发展。

3．观察孩子的运动天赋，适当引导但不过度干预。

4．增加运动技能的教学，因为8岁左右是神经系统发育的关键期，掌握基本运动技能更为高效，如平衡、协调、敏捷等。

◁)) 注意事项

① 此年龄段孩子的注意力仍较短暂，需注重运动的趣味性，而不要求注意力高度集中的训练。

② 根据孩子的个体需求和发展水平，以及以往的训练经验，适当增加运动量，避免过度训练。

③ 鼓励孩子用身体自主探索动作来学习，以解决具体问题为主，而不是刻板地要求完成标准动作。

④ 进行正面鼓励与引导，多具体地鼓励孩子的努力过程和努力程度，避免用"很棒"等空泛夸赞，更不要夸大。消极评价会打击自信，应当避免。

⑤ 多做游戏，不要一味追求训练周期与训练计划。

12～15岁：至关重要的培养阶段

1. 逐步增加运动量与强度，同时需特别关注和预防运动损伤。

2. 增加更多的教学指导。

3. 重视系统性训练与力量训练。

4. 注重运动技巧与运动形式。

5. 此年龄段的孩子生长发育速度较快，会短暂地影响协调性。

6. 提供支持与鼓励，不放弃运动表现欠佳的孩子，帮助他们逐步提升。

◁⟩ **注意事项**

① 引导孩子理解每项训练的原因和价值，解答他们的疑问。

② 强化运动技术和运动技巧的教学，引导孩子深入学习。

③ 逐步提升力量训练，但注意避免过早过量。

④ 不放弃表现欠佳或缺少天赋的孩子，家长和教练的积极态度可帮助孩子建立信心并坚持下去。

⑤ 确保运动的趣味性，并持续正确鼓励。

⑥ 青少年运动员可逐渐理解训练背后的逻辑，并锻炼心理素质。

⑦ 仍需重视基础训练，持续发展基础运动技能。

⑧ 有针对性地调整训练内容，及时对运动员进行评估，发现不足。

⑨ 培养运动素养而非比赛成绩，重在长期运动能力与素养的提升。

⑩ 循序渐进地参赛，避免直接参加大型赛事，防止因压力导致心理问题。

15~18岁：向顶级运动表现过渡阶段的培养重点

1. 逐步提升运动表现，朝顶级运动表现迈进，但体能发展仍是训练的主要内容。

2. 进行体能发展目标的选择，健康体能还是职业体能方向。

3. 逐渐增加训练量和强度，进一步提升力量水平。

4. 加入更多竞技与竞争元素。

5. 减少教学，增加指导，注重心理引导与运动思维的培养。

6. 强化对比赛和训练的专注力培养。

7. 仍然可进行多项训练，但应逐步专注于特定项目。

8. 对能量系统进行训练，提高乳酸代谢能力，增强体能。

9. 在这一时期可考虑更换专项项目。

◁» 注意事项

① 该年龄段是运动员心理素质发育的黄金时期，需锻炼心智，培养应对比赛压力的能力。

② 减少直接教学，增加心理和运动策略上的指导，强化思维层面的训练，精细化发展。

③ 低水平运动员在此阶段可能自卑，而高水平运动员则易自大，需要区分关注。

④ 对于参与多个专项的运动员需要做出选择，专注度和资源很难兼顾。

⑤ 审慎更换专项，不因一次失败更换项目，鼓励在兴趣和能力间找到平衡。

⑥ 专项化训练是发展重点，但应鼓励全面成长。

19 岁以上：职业发展或退役的关键阶段

大部分运动员在此时决定是否继续职业发展或选择退役。

1. 适应高强度与频繁的比赛，职业运动需要极高的专注力和心理准备。
2. 聚焦竞技，胜利至关重要。
3. 强调计划性、系统性和周期训练。
4. 顶级表现需持续投入。

◁)) 注意事项

① 训练应更有针对性，因为提升空间有限，所以更需有效率。

② 选择职业体育的运动员需具备坚韧的信念，目标意识强烈。

③ 即便不选择职业道路，保证运动训练，保持运动习惯仍有助于提高生活质量和未来健康。

④ 接受竞技中的优胜劣汰，鼓励继续热爱运动，长期坚持。

05
体能训练的收益被低估了

体能训练是一种强大的康复手段。下面是我带领一名普通高中足球运动员康复的经历。他来自体育中学，是一级足球运动员，但在不科学的训练体系下经历了一次严重伤病——髋关节盂唇撕裂。据他本人描述，在一次比赛中因对手高速冲撞，导致他摔倒后又遭撞击，当时造成极度疼痛和运动障碍。尽管不能预防所有运动损伤，但科学训练可以显著降低损伤发生率和减轻严重程度。

在两个月的康复体能训练中，我们从术后活动困难逐步恢复至疼痛消失，负重深蹲和卧推 300 公斤。这段经历堪称是康复体能训练的奇迹，不仅由于我的训练计划在起作用，更重要的是运动员、家长和教练间的信任与合作。通过实践，我更深刻地认识到体能训练在康复中的重要作用。

体能表现与长期健康的关联

- 全面的体能训练可有效降低运动受伤的风险。
- 防止过早单一项目训练对成长的影响。

儿童期和青春期的身体健康水平（包括体能）较高，与青春期认知能力的良好表现密切相关；而较好的心肺健康与青春期心理健康状况的提升也显著相关。因此，建议鼓励儿童和青少年多参与体育运动，培养热爱运动的习惯，这不仅有助于提高认知能力，还能全面改善心理健康状态。

- 提升身体强度和韧性。
- 增强心理素质。
- 改善专注力和思维敏锐度，有助于学习和工作的表现。
- 健康的生活方式可延续至成年。
- 体能水平是长期健康的关键指标。

体能训练的额外益处

- 提高日常身体的活动能力。
- 提供有效应对情绪的途径，减轻压力和抑郁风险。
- 减少患慢性病的风险。
- 改善睡眠质量。
- 强化免疫系统。

⊘误区！过早专项化与伤病风险

　　过早或过度专项化（指青少年全年仅参与某项运动，如篮球、足球等）在青少年运动员中日益普遍。许多孩子全年专注一项运动，甚至在假期加训，这导致身体特定部位的过度使用，又缺乏休息和恢复。

　　《青少年运动员的专项化和训练量与伤病史的关联》一文表明，高水平的专项化与受伤的历史存在显著关联，尤其是过度使用伤。研究指出，这种关联与运动员的年龄、性别或每周的运动训练时间无关，但对于那些超过建议训练量的运动员，发生过度使用伤的可能性更大。研究建议，采用多样化训练方法，可以更好地保护青少年的体能发展和健康，降低运动损伤的发生概率。

过早或过度专项化并不会提高运动员的成功率，只是家长或运动员的自我满足而已。专项化的平均年龄在不同运动项目上存在很大差异，例如体操、花样滑冰运动员往往在8~10岁就开始专业训练，而曲棍球运动员则普遍在12.5岁开始。《对青年运动员在精英体育系统中的支持评估》的研究表明，青少年阶段的专项化高强度训练，并不能显著提高成年阶段的顶级运动表现。

本书旨在提供系统的体能训练体系，使青少年运动员在提高运动表现的同时，获得运动的乐趣，避免过早专项化带来的伤害。此外，书中将提供富有创造性的、可评估的指导，帮助孩子变得自信且能力全面，使运动更加系统化。

第3章

青少年运动员的长期运动发展

01
长期运动发展的两大经典模型

青少年运动员的长期运动发展（LTAD）

　　长期运动发展（Long Term Athlete Development，简写为 LTAD）是针对青少年运动员的系统化培养模型，旨在通过科学且系统的训练策略促进从青少年到成年的全面发展。LTAD 模型依据年龄、生理成熟度和训练经验来制订个性化的训练计划，以帮助运动员提高运动技能、身体素质和心理韧性，同时有效预防运动损伤，延长运动生涯。

积极开始	乐趣主导	学习训练	为学而练	为赛而练	为赢而练
女 0~6 岁/ 男 0~9 岁	女 6~8 岁	男 6~9 岁	女 8~11 岁/ 男 9~12 岁	女 8~11 岁/ 男 9~12 岁	女 15~21 岁 ± 男 16~21 岁 ±	女 18 岁 + 男 19 岁 +
基础动作技能		基础运动技能		构建身体和心理能力		高水平运动

注：由于青少年生长发育的特殊性和复杂性，个体差异比较大，模型中的年龄段是宏观统计，仅供参考。

青少年运动员的 LTAD 模型

LTAD 模型的七个成长阶段

①积极开始活动阶段（Active Start）：适用于 0～6 岁的儿童，此阶段强调通过玩耍和活动建立运动兴趣，发展基本运动技能，如跑、跳、投掷等，重点是通过丰富的活动促进体能和运动协调性的自然发展。

②打好运动基础阶段（Fundamentals）：适用于 6～9 岁的儿童，注重提高协调性、平衡感、敏捷性和基本的身体素质。这一阶段通过游戏和多样化活动促进身体感知和运动技能的进步，为未来的专项运动打好基础。

③学习训练阶段（Learn to Train）：适用于 9～12 岁的青少年，此时开始系统地训练运动技术和基本战术，并继续发展协调性和体能，同时初步引入心理与社交技能的培养。

④训练专项化阶段（Train to Train）：适用于 12～16 岁的青少年，目标是进一步发展专项运动技能和竞技素质，增加训练量和强度。这一阶段的重点是建立有氧耐力、力量和速度的基础，开始强化专项技能。

⑤训练竞争阶段（Train to Compete）：适用于 16～18 岁的运动员，训练侧重提高专项技术和竞技表现，增加高水平比赛的经验积累，通过比赛锻炼战术意识和心理承受能力。

⑥训练胜利阶段（Train to Win）：适用于 18 岁及以上、已经具备高水平竞技能力的运动员，目标是在国内外赛事中获得优异成绩，训练内容进一步精细化，以支持高强度、高精确度和高速度的表现。

⑦终身运动、积极生活阶段（Active for Life）：这一阶段适用于所有人，强调终身运动的价值，鼓励人们通过运动保持健康、活力的生活方式，促进身心健康发展。

PHV

青春期之前		青春期	青春期之后		
身体教育	学习训练	高中准备	大学准备	大学/精英/职业	专家
7~9岁 女6~8岁/ 男6~9岁	9~11岁 女8~11岁/ 男9~12岁	12~14岁 女11~15岁/ 男12~16岁	15~17岁 女13~17岁/ 男14~18岁	18岁+ 女≥17岁/ 男≥18岁	退役后

					女PHV		男PHV						
年龄	6	7	8	9	10	11	12	13	14	15	16	17	18
速度	全力冲刺跑>30米						加速跑20~30米			加速跑0~20米			
		反应敏捷性					角度敏捷性			变向			
力量							速度-力量（功率）						
					力量-耐力					最大力量			
韧度		灵活度					柔韧度			稳定性			
耐力		有氧能力					女：无氧乳酸						
									男：无氧乳酸				
技能				动觉分化/动作到位									
			平衡/空间定位										
		节奏/反应											
策略						心理							
						营养							
						感知							

LTAD 模型的核心理念与实践

LTAD 模型提供了一个全面而系统的框架，反驳了"早期运动专业化是达到高水平运动成就的唯一途径"的观点。通过强调乐趣和适龄活动，LTAD 模型支持运动员的健康全面发展，并提高参与度。例如，在美国冰球的案例中，采用 LTAD 模型后，美国冰球队在国际比赛中取得了显著成绩，参与率也有所提升。这表明，无论是在青少年娱乐活动、体育课，还是正式的青少年体育联赛中，教练和教育者都可以利用 LTAD 模型，通过有趣且系统的方式，帮助运动员充分发挥潜力。

模型分类：早期与晚期专业化运动

LTAD 模型将运动分为早期专业化和晚期专业化两类。早期专业化运动（如跳水、花样滑冰和体操）需要在儿童早期进行专项训练，以便在敏感期内发展专项技能。相比之下，晚期专业化运动（如田径、格斗运动和团队运动）强调在早期训练中全面发展运动技能与战术技术，为后期专项训练奠定基础。这种分类帮助运动员在不同阶段合理规划训练内容，避免过早或过度的专业化导致潜力受限或增加伤病风险。

机会窗口与科学规划

青少年运动员的可训练性取决于科学的长期规划和阶段化训练。LTAD 模型指出，在运动员成长过程中存在"机会窗口"，这是发展特定运动技能和体能的最佳时机。以 PHV（身高生长高峰）为参考，训练应以个体的生理和心理发育为基础，而非单纯以年龄划分。研究表明，培养精英运动员需要 8 到 12 年的系统训练（即"十年规则"或"一万小时规则"）。在青春期前，男孩和女孩可采用相似的训练计划，但青春期后需依据发育特点进行个性化调整。

模型的局限性与改进建议

尽管 LTAD 模型为运动员的发展提供了有益框架，但其局限性也值得关注：

• 单一维度：过于注重生理因素，缺乏对心理、社会等其他重要发展因素的考虑。

• 缺乏实证支持：模型的许多假设缺乏经验性证据，基础数据可能基于可疑的假设和方法。

• 个性化不足：模型为通用框架，未能针对个体运动员的独特需求进行定制。

研究建议，将 LTAD 模型视为"正在进行中的工作"，需要通过质疑、测试和修改不断完善。特别是对于儿科运动科学家，应通过获取可靠的证据来进一步优化模型。

青少年体能发展模型（YPD）

由于传统的长期运动员发展模型（LTAD）存在一

定局限性，英国体能专家罗德里·S.劳埃德（Rhodri S. Lloyd）和乔恩·L.奥利弗（Jon L. Oliver）在 2012 年基于体能要素的实证研究成果创建了青少年体能发展模型（Youth Physical Development，YPD）。YPD 模型提出了从儿童期到青春期的体能发展策略。

男性青少年体能发展模型（YPD）																			
实际年龄	2	3	4	5	6	7	8	9	10	11	12	13	14	15	16	17	18	19	20	21+
年龄阶段	童年早期		童年中期								青春期							成年期		
生长速率	快速生长 ⟷ 稳定生长期 ⟷ 青春期快速发育 ⟷ 生长速率下降																			
发育状态	PHV 之前 ⟵ PHV ⟶ PHV 之后																			
训练适应性	主要为神经系统（年龄相关）⟷ 神经和激素相结合（发育相关）																			
身体素质	**FMS**		**FMS**			FMS					FMS									
	SSS		SSS			**SSS**					**SSS**									
	Mobility		**Mobility**								Mobility									
	Agility		**Agility**								**Agility**					Agility				
	Speed		**Speed**								**Speed**					**Speed**				
	Power		**Power**								**Power**					Power				
	Strength		**Strength**								**Strength**					**Strength**				
	Hypertrophy							Hypertrophy			**Hypertrophy**					Hypertrophy				
	Endurance & MC		Endurance & MC								Endurance & MC					**Endurance & MC**				
训练结构	无结构化		低结构化					中度结构化			高度结构化					非常高度结构化				

注：图中英文单词的大小表示其所对应阶段性年龄段中的重要性。
PHV（Peak Height Velocity）：身高增长高峰
FMS（Fundamental Movement Skills）：基本运动技能
SSS（Stability，Strength，Stamina）：稳定性、力量和耐力（短时间内高强度运动的能力）
Mobility：灵活性
Agility：敏捷性
Speed：速度
Power：爆发力
Strength：力量
Hypertrophy：肌肉增大
Endurance：耐力（长时间低至中等强度活动的能力）
MC（Motor Coordination）：运动协调性

女性青少年体能发展模型（YPD）

实际年龄	2	3	4	5	6	7	8	9	10	11	12	13	14	15	16	17	18	19	20	21+
年龄阶段	童年早期			童年中期					青春期								成年期			
生长速率	快速生长 ←→			稳定生长期 ←→					青春期快速发育 ←→								生长速率下降			
发育状态				PHV 之前 ←			PHV →		PHV 之后											
训练适应性				主要为神经系统（年龄相关）←→					神经和激素相结合（发育相关）											
身体素质	FMS			FMS			FMS		FMS											
	SSS			SSS			SSS		SSS											
	Mobility			Mobility					Mobility											
	Agility			Agility			Agility						Agility							
	Speed			Speed			Speed						Speed							
	Power			Power			Power						Power							
	Strength			Strength			Strength						Strength							
			Hypertrophy				Hypertrophy		Hypertrophy							Hypertrophy				
	Endurance & MC		Endurance & MC				Endurance & MC					Endurance & MC								
训练结构	无结构化			低结构化					中度结构化				高度结构化				非常高度结构化			

尽管 YPD 模型相比 LTAD 模型更强调发展而非单纯以年龄为基础，并增加了关于训练细节的补充，其包容性和普遍性也更强，但目前仍然缺乏充分的实证支持和大规模研究，其结论更多基于主观观察。

YPD 模型不同于"以运动员为中心"的 LTAD 模型，它更关注青少年群体的体能发展，将参与对象从专业运动员扩展至所有青少年，使该模型适用于体育运动及娱乐活动的广泛参与者。相比 LTAD 模型，YPD 模型分别针对男女性的生理发展特点，制订出一条循序渐进的体能成长路线，使体能训练更加科学合理。

模型仅供参考，不要过度神化。目前尚无确凿的实证数据支持任何单一的模型可以作为青少年运动员发展的黄金标准。各模型的适用性因人而异，尤其在不同的运动环境和个人需求下会有很大差异。

当前的青少年运动员发展理论包括多个模型，每个模型各有侧重点，医生、运动训练员、教练、体育教育工作者和家长需了解这些模型的不同特性，并根据运动员的年龄、发展阶段等具体因素进行调整。多方尝试后找出最适合该运动员的模式，而非一味依赖某一模型。

技能
专项技战术

专项体能
结合专项技能进行有针对性的
体能训练（如篮球、足球、
排球、羽毛球等）

基础体能
指人体基础体能素质，如爆发力、
速度、协调、敏捷、柔韧等

身体功能 / 动作模式
指跑姿、跳姿、推、拉、蹲、旋转、核心功能等

体能发展的金字塔

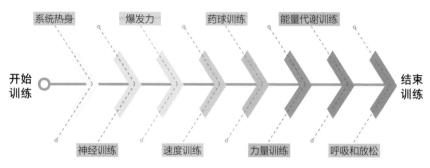

体能训练的流程和设计方法

02
青少年运动员的周期训练

　　青少年运动员的周期训练指的是，根据青少年的生理、心理特点，以及运动技能形成的规律，科学安排训练内容和负荷，以达到提升运动表现的目的。周期训练通常分为多个层级，包括多年计划、年度计划、大周期、中周期和小周期等。

　　周期训练的目标旨在全面提高青少年运动员的竞技能力，包括力量、速度、耐力、敏捷性、柔韧性等基本身体素质，以及与专项运动技能相关的体能。同

时，注重优化运动员的心理状态，提升其在比赛中的
表现和抗压能力。

实施周期训练的要点

1. 多年训练计划：通常以四年为一个周期，是长
期发展模型的核心。通过一系列相互关联的年度计划，
引导运动员达到特定的发展目标和成绩目标。

2. 年度训练计划：涵盖全年的训练内容，通常与
竞赛时间表协调一致。年度计划根据运动员的成熟度
和竞赛安排进行调整。

3. 大周期：代表一个赛季的训练计划，通常包含
准备期、竞赛期和过渡期。

4. 中周期：一般持续 2 至 6 周，是年度计划的核
心组成部分，集中训练某一特定体能或技能。

5. 小周期：通常为 7 天左右，包含训练日和恢复
日，是周期计划的基本单元。

6. 训练日和训练课：每个训练日按小周期的目标
构建，训练课是周期训练的最小单元，具体涵盖体能
或技能提升的目标任务。

7. 训练内容：包括动态热身、基本体能、专项体
能训练、比赛类运动、静态拉伸等，确保运动员获得
全面训练。

8. 损伤预防：通过科学的热身和训练方法，降低
训练和比赛中的损伤风险。

在青少年运动员训练
中，重视个体差异至关重
要，需为每位运动员定制
训练计划以满足其身体成
熟度和心理发展需求。教
练应培养运动员的内在动
机，这是长期运动参与和
高水平表现的关键。通过
积极的团队氛围和反馈增
强其自信和归属感。同时，
建立系统化的监测机制，
定期评估运动员的 pacing
行为（能量分配）和生理
指标，以了解其疲劳状态
和适应能力，从而调整训
练策略。引入科技手段，
如可穿戴设备，有助于提
高训练的互动性和科学决
策能力。最后，结合持续
的研究与实践，探索更有
效的训练方法，对于促进
青少年运动员的全面发展
至关重要。

9. 个性化：训练计划应根据运动员的技术发展速度、成熟度等进行个性化调整，以符合其独特的成长阶段。

10. 科学监测：利用现代监测技术，实时评估运动员的训练状态、身体机能和运动表现，确保训练的科学性和有效性。

🔊 注意事项

周期训练是一个复杂的系统工程，需要家长、教练和运动员的共同配合，以实现青少年运动员的全面发展和竞技水平提升。本书将提供具体的训练模板和方法，供家长和教练参考。

青少年周期训练之年度训练计划模板					
时间／内容		第一周	第二周	第三周	第四周
一月	课程内容	速度主题	力量主题	爆发力主题	速度主题
二月		力量主题	速度主题	力量主题	爆发力主题
三月		速度主题	力量主题	爆发力主题	速度主题
四月		力量主题	速度主题	爆发力主题	速度主题
五月		速度主题	力量主题	爆发力主题	速度主题
六月		力量主题	速度主题	力量主题	爆发力主题
七月		速度主题	力量主题	爆发力主题	速度主题
八月		力量主题	速度主题	爆发力主题	力量主题
九月		速度主题	力量主题	爆发力主题	速度主题
十月		力量主题	速度主题	力量主题	爆发力主题
十一月		速度主题	力量主题	爆发力主题	速度主题
十二月		力量主题	速度主题	爆发力主题	力量主题

青少年周期训练之小周期训练计划模板

速度主题	力量主题	爆发主题	速度主题	力量主题	爆发主题

星期一	星期二	星期三	星期四	星期五	星期六	星期日
（高强度）90%努力强度	（中强度）85%努力强度	（低强度）70%努力强度	（高强度）90%努力强度	（中强度）85%努力强度	（低强度）70%努力强度	恢复日

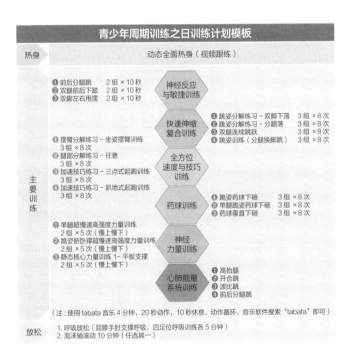

青少年周期训练之日训练计划模板

热身　动态全面热身（视频跟练）

主要训练

① 前后分腿跳　2组 ×10秒
② 双腿前后下踏　2组 ×10秒
③ 双脚左右甩摆　2组 ×10秒

神经反应与敏捷训练

① 跳姿分解练习 - 双脚下落　3组 ×8次
② 跳姿分解练习 - 分腿落　3组 ×8次
③ 双腿连续跳跃　3组 ×8次
④ 跳姿训练（分腿换脚跳）　3组 ×8次

快速伸缩复合训练

① 摆臂分解练习 - 坐姿摆臂训练　3组 ×8次
② 腿部分解练习 - 任意　3组 ×8次
③ 加速技巧练习 - 三点式起跑训练　3组 ×8次
④ 加速技巧练习 - 趴地式起跑训练　3组 ×8次

全方位速度与技巧训练

药球训练

① 跪姿药球下砸　3组 ×8次
② 单腿跪姿药球下砸　3组 ×8次
③ 药球垂直下砸　3组 ×8次

① 单腿超慢速高强度力量训练　2组 ×5次（慢上慢下）
② 跪姿俯卧撑超慢速高强度力量训练　2组 ×5次（慢上慢下）
③ 静态核心力量训练1- 平板支撑　2组 ×5次（慢上慢下）

神经力量训练

心肺能量系统训练

① 高抬腿
② 开合跳
③ 波比跳
④ 前后分腿跳

（注：使用 tabata 音乐 4 分钟，20 秒动作，10 秒休息，动作循环，音乐软件搜索 "tabata" 即可）

放松
1. 呼吸放松（屈膝手肘支撑呼吸、四足位呼吸训练各 5 分钟）
2. 泡沫轴滚动 10 分钟（任选其一）

一项研究评估了热身时听音乐对 Wingate 测试中力量输出日变化的影响。12 名体育教育学生在早上 7 点和下午 5 点分别在有音乐和无音乐条件下进行了四次测试。结果显示，无音乐热身时，峰值功率和平均功率均从早到晚有所提高；而有音乐热身时，平均功率的日变化消失，峰值功率的早晚差异减弱，且在听音乐的情况下，峰值和平均功率显著高于无音乐热身。

研究表明，音乐可通过调节情绪和生理状态，作为一种有效的心理生理干预手段，尤其适合早晨比赛或需要强力下肢肌肉收缩的活动前使用。音乐的积极作用为运动员的训练和比赛策略提供了科学依据。

Tips：常见的儿童青少年运动伤害

- 擦伤、瘀伤和伤口
- 关节扭伤
- 肌肉拉伤
- 骨折

Tips：伤害预防与运动危险信号

预防措施

- 在开始锻炼前进行全面身体检查。
- 逐步增加运动的强度、持续时间和频率。
- 穿着合适的运动衣物和鞋子。
- 确保在安全环境中运动，如地面、防护设施、照明和通风，并有合适的监督。

危险信号

孩子出现以下 9 种症状应立即停止运动。

- 头晕、头昏眼花或极度疲劳
- 恶心或呕吐
- 胸闷或胸痛
- 肌肉失去控制或步伐不稳
- 严重的呼吸困难
- 过敏反应

青少年运动员的发展是一个多阶段、长期的过程，需要综合考虑其生理、心理和技能的全面发展。国际奥林匹克委员会（IOC）共识指出，运动员应经历从基础运动技能到专项运动技能的逐步发展，采用适龄训练逐步提升竞技水平。整个过程不仅涵盖身体成长和技能提高，还包括心理适应、社会情感发展以及教育和生活技能的培养。IOC 强调，早期专项化可能导致过度训练、受伤风险增加和运动倦怠，因此建议通过多样化参与促进全面成长，鼓励青少年参与多种运动。此外，教练、家长和体育管理者的教育和支持对于创造积极、支持性的环境至关重要，确保运动员健康发展。

- 视力模糊
- 精神错乱
- 急性损伤

⊘误区！神经综合训练的启动时机

神经综合训练的适时启动

在美国运动医学会（ACSM）的《运动医学期刊》上，发表的研究"应何时开始综合神经肌肉训练，以减少青少年运动损伤并增强健康？"指出，从青春期前开始的综合神经肌肉训练，可以显著降低青少年在运动中的损伤风险，有助于青少年的整体健康和技能发展。

青少年与成人的运动适应差异

虽然关于成人力量、无氧和有氧训练的适应性已有广泛研究，但青少年和儿童对这些训练的反应机制有所不同，主要表现为以下几点。

- 力量训练：儿童的力量、无氧和有氧能力是可训练的，但训练效果可能较成人略差。通过阻力训练，儿童的肌肉力量可以显著提升（13%～30%），并改善平均功率（3%～10%）和峰值功率（4%～20%）。
- 有氧训练：儿童在耐力训练中的有氧适应性约提高5%，有助于改善左心室舒张填充和心血管功能。

• 过度训练风险：有限的证据表明，青少年运动员中过度训练的发生率约为 30%，表明在进行高强度训练时需谨慎。

各项训练建议

• 力量训练：在儿童期进行适量的力量训练有助于提升运动表现并降低受伤风险。对于女孩而言，适量的阻力训练也有助于预防未来可能产生的骨质疏松症。

• 无氧训练：虽然儿童的无氧训练较少被关注，但研究表明，早期青春期男孩在 12 周的复合训练后，无氧耐力、跳跃、投掷和冲刺等运动表现有所提升，且动态力量显著增强。

• 有氧训练：耐力训练可以有效增强左心室的舒张功能，提高早期快速填充量，减轻心房对总舒张压的贡献，从而改善心脏功能。

第4章

训练前的系统评估筛查

01

训练前系统评估的重要性与益处

> " 无评估，不训练；无评估，何管理? "

为什么评估如此关键?

无论您是一名教练还是一位家长，想象一下，面前是一名或一群年轻的运动员。他们的身体条件和运动能力各不相同。如果在训练前没有了解他们的肌肉力量、平衡能力或灵活性，您如何为每个人制订科学有效的训练计划呢? 又如何确保训练的长期效果呢? 更重要的是，如何帮助运动员理解参与体能训练的意义呢?

这正是运动前评估的核心价值所在。通过科学评估，我们能够了解每位运动员的独特之处。这不仅能量化体能训练的指标，还能让参与者认识到定期体能训练的重要性，从而增强他们的长期参与动力。

从科学角度看训练前评估的重要性

训练前的系统评估对运动员至关重要，这已成为许多学校课程的重要组成部分。尽管不同地区的测试计划有所差异，但科学的评估和记录，尤其是定期追踪，能够发现技术和身体上的弱点，预防运动损伤，并提升运动表现。评估还为教练和运动员提供详细数据，帮助调整训练计划的强度和节奏，使训练更高效。

神经肌肉训练等专项训练可以显著提升力量、速度和敏捷性，但现有评估方法难以全面衡量训练效果，因此需要更具体的测试工具。同时，训练动机的管理也至关重要，因为运动员的依从性直接影响训练效果和表现。

总之，训练前评估是提高运动水平、降低受伤风险、优化训练效果的重要环节，为运动员的长期发展提供科学支持。

训练前评估的操作价值

1. 通过预先评估，确保训练计划的有序合理，训练方案更有针对性。

2. 评估数据的可视化，有助于提升运动员的训练动机。

3. 评估数据便于追踪月、季、年等各阶段运动员的健康变化以及运动表现变化，甚至进行长期跟踪，需定期重新评估。

4. 评估结果为教练、运动员和家长之间的沟通提供依据，便于根据需求调整训练计划。

5. 通过评估，制订有针对性的训练方案，最大限度地挖掘运动表现潜能。

6. 评估能帮助发现运动员的不足，预防或降低潜在的受伤风险。

体能数据量化表

姓名		年龄		性别		身高 / 体重		肺活量	
测试	项目		1	2	3	4	5	6	7
功能	过顶深蹲								
	肩后触碰								
	靠墙肩伸展								
	单脚闭眼平衡								
力量	杠铃深蹲（非必需）								
	杠铃硬拉（非必需）								
	俯卧撑 1 分钟								
	徒手深蹲 1 分钟								
	引体向上								
	屈膝卷腹 1 分钟								

续表

测试	项目	1	2	3	4	5	6	7
速度	10 米加速冲刺							
	50 米加速冲刺							
	100 米加速冲刺							
	5-10-5 敏捷性测试							
	T 形跑							
爆发力	原地摸高							
	立定跳远							

02 各项评估介绍

功能测试与记录

1. 过顶深蹲

过顶深蹲，也叫举手深蹲，是重要的基础动作之一，常用于评估髋关节、膝关节和踝关节的双侧对称性、灵活性和稳定性。婴儿在学习站立时本能地使用深蹲动作，但随着年龄增长，如果不常做深蹲动作，这一能力可能会下降。

测试步骤

1）双脚与肩同宽站立。

2）双臂伸直举过头顶，头部中立位，手臂在耳朵两侧。

3）尽量充分下蹲。

4）恢复站立姿势。

5）重复三次。

完美的深蹲表现：保持上半身与小腿平行，脚跟与地面接触，大腿角度低于水平，膝盖朝向脚尖方向，且脚部无旋转。

评分标准

3分：能够完美完成深蹲。

过顶深蹲（正面观）

过顶深蹲（侧面观）

2 分：完成深蹲，但脚跟抬起 1 ~ 2 厘米。

1 分：无法完成深蹲，且脚跟抬起。

0 分：深蹲时出现疼痛。

2. 肩后触碰测试

肩后触碰测试，也称为肩部灵活性测试，是用来评估肩关节的灵活性和活动性的一种有效方法，旨在防止肩关节过度伸展，避免对肩袖肌群造成损伤。

测试步骤

1）自然站立，一手握拳从同侧肩上方向下，拳心贴于背部，尽量抬高手肘。

2）另一只手握拳从下方向上，以拳眼贴在背部，沿脊柱向上伸展。

3）记录两拳之间的距离。

4）交换手的位置，重复测试，取距离较近的一侧为最终得分。

评分标准

3 分：姿势正确，上下两拳间距小于 15 厘米。

2 分：上下两拳间距大于 15 厘米，但小于 20 厘米。

1 分：上下两拳间距大于 20 厘米。

0 分：测试时出现任何部位的疼痛。

肩后触碰（右）　　　　　　　肩后触碰（左）

3．靠墙肩伸展测试

　　靠墙肩伸展测试用于评估肩关节的伸展能力，这是许多头顶动作中至关重要的动作之一。此测试有助于识别肩部的灵活性和上背部的稳定性。

测试步骤

　　1）背靠墙站立，保持脚跟、臀部、上背部和头部贴墙。

　　2）双手自然垂于身体两侧，握拳并竖起拇指。

　　3）缓慢将手臂向上举过头顶，尝试用拇指触碰墙壁。

　　4）测试过程中应保持脊柱对齐，头部和上背部始终贴靠墙面。

　　5）两侧分别进行测试并记录。

靠墙肩伸展

☑评分标准

3 分：保持脊柱对齐，拇指触碰头顶的墙面。

2 分：保持脊柱对齐，但拇指未接触到墙面（可测量此距离作参考）。

1 分：脚、臀部、上背部或头部离开墙面。

0 分：动作过程中出现疼痛。

4．单脚闭眼平衡测试

单脚闭眼平衡测试用于评估个体的平衡能力，通过测量在无视觉参照的情况下，仅依靠前庭器官来维持身体重心在单脚支撑上的时间，以反映平衡能力。

☑测试步骤

1）自然站立在平整的地面上，两腿并拢，双臂自然下垂或平举，面向前方。

2）抬起任意一只脚离地，腿屈曲，不得接触站立腿；另一腿保持直立。

3）闭眼，保持单脚站立，开始计时，以秒为记录单位；测试两次，取最佳成绩。

计时停止条件包括支撑脚移动、抬起脚接触地面或产生较大晃动导致脊柱弯曲。

☑评分标准

青少年儿童保持 15 秒以上为合格。

单脚闭眼平衡（正面观）　　　　　　单脚闭眼平衡（侧面观）

力量测试与记录

大量研究表明，青少年力量训练在提高力量和体能方面具有显著效果。许多研究采用 8 至 12 周的力量训练周期，并证明此期间能显著提升运动员的体能水平。训练计划应根据运动员的成熟度进行个性化调整，以优化效果。力量训练频率建议每周至少两次，并需在专业人员指导下进行，以确保技术正确和安全。

研究表明，在严格监督下，青少年运动员可以安全地进行最大力量测试。科学的力量训练不仅能提升运动表现，还能为长期运动生涯奠定坚实基础。力量训练的益处可扩展至学校体育教育领域，进一步促进青少年的全面健康和体能发展。

有多种训练动作可用于评估力量，例如卧推、深蹲、硬拉、高翻和推举等。然而，对于年轻运动员来说，力量评估应优先选择更基础的动作。我们熟悉的奥运会上的举重项目对技术的要求较高，正确完成这一动作对年轻运动员而言颇具挑战性，并不适合用于测试他们的最大力量。因此，对青少年运动员的力量测试应避免过度复杂。

此外，所有的测试项目无须在同一天完成，可以分散至日常训练中。我一般会持续数天进行数据收集，在具体的训练前抽时间完成，比如今天训练什么，就在训练前完成测试，但一定要收集到完整的数据信息。

1. 杠铃深蹲测试（12 岁以下非必需）

杠铃深蹲测试用于评估青少年的下肢力量和稳定性，适合在基础力量训练中使用。

◎ 测试目的

- 评估下肢力量和稳定性。
- 增强核心肌群的稳定性和协调性。

🔗 测试步骤

1）准备：受测者站在杠铃下方，双脚与肩同宽，脚尖略微朝外。

2）扛杠：将杠铃置于斜方肌上方，双手握距比肩稍宽。

3）启动：深吸气，核心收紧，下蹲至大腿与地面平行或稍低于地面。

4）蹲起：通过脚后跟和大腿的力量站起，回到起始位置。

◁》 注意事项

- 热身：充分热身，尤其是腿部和腰部的拉伸。
- 正确姿势：保持背部挺直，膝盖与脚尖同向，避免膝盖内扣。
- 呼吸控制：下蹲时吸气，站起时呼气，保持核心绷紧。

- 重量控制：青少年应从轻重量开始，逐渐增加重量。
- 监督：有经验的教练或家长应在旁监督，确保安全。
- 避免过度训练：青少年处于生长期，应避免过度训练，以免影响发育。

📝 评分标准

- 完成次数：根据完成标准深蹲的次数进行评分。
- 重量：根据举起的重量进行评分。

⏱ 测试设备

- 杠铃：标准奥林匹克杠铃。
- 深蹲架：用于安全地放置和取出杠铃。

杠铃深蹲

2. 杠铃硬拉测试（12 岁以下非必需）

杠铃硬拉测试用于评估青少年的下肢、背部和核心力量。

⊙ 测试目的
- 评估青少年的下肢、背部和核心力量。
- 提升核心肌群的稳定性和协调性。

🔗 测试步骤

1）准备：受测者站在杠铃前，双脚与肩同宽，脚尖略微朝外。

2）握杠：下蹲，双手比肩略宽握住杠铃，使杠铃贴近小腿。

3）启动：深吸气，核心收紧，保持背部挺直，用腿部和臀部的力量将杠铃拉起至站立位。

4）放杠：缓慢呼气，控制杠铃下放至地面，回到起始站立位置。

◁) 注意事项

- 热身：在硬拉前充分热身，包括腿部、背部和腰部的拉伸。
- 正确姿势：保持背部挺直，膝盖和脚尖同向，避免膝盖内扣。
- 呼吸控制：拉起时深吸气并憋气，放下杠铃时呼气。

- 重量控制：青少年应从轻重量开始，逐步增加。
- 监督：应有教练或有经验的健身伙伴监督，以确保安全。
- 避免过度训练：青少年在生长期应避免过度训练，以免影响发育。

📝 评分标准

- 完成次数：记录标准硬拉的完成次数。
- 重量：记录拉起的最大重量。

⏱ 测试设备

- 杠铃：标准奥林匹克杠铃。
- 深蹲架：用于安全放置和取出杠铃。

杠铃硬拉

3. 俯卧撑 1 分钟测试

俯卧撑 1 分钟测试是一项常用的体能测试方法，主要评估上肢、胸部、腹部和背部的肌肉耐力。

⌖ 测试目的

- 评估上肢、胸部、腹部和背部肌群的耐力。
- 检测个体的协调性和整体力量。

⌗ 测试步骤

1）准备：俯卧于地面，双手与肩同宽，手指朝前，肘关节指向后方。

2）起始：撑起身体，从头到脚踝呈一条直线。

3）执行：下放身体至胸部接近地面或轻触地面，再推起至手臂完全伸展。

4）持续：按节奏（约 20 ~ 30 次 / 分钟）连续完成动作，直到 1 分钟结束或无法保持标准动作。

◁》 注意事项

- 热身：测试前需适当热身，以防肌肉拉伤。
- 安全第一：如有不适应立即停止测试。
- 动作标准：身体保持直线，避免塌腰或臀部上翘。
- 速度控制：保持稳定节奏，避免因速度过快而降低动作质量。

- 呼吸：保持均匀呼吸，避免憋气。
- 恢复：测试后给予肌肉适当的休息时间。

📝 评分标准

- 成年男性：20~29 岁的普通标准为 17~29 个 / 分钟；30~39 岁的普通标准为 13~24 个 / 分钟。
- 成年女性：20~29 岁的普通标准为 12~22 个 / 分钟；30~39 岁的普通标准为 10~21 个 / 分钟。
- 根据不同年龄和性别，青少年的标准有所不同，但通常测试次数低于成年人。

⏱ 测试设备

- 秒表：用于计时 1 分钟。
- 平坦地面：如健身房地板或瑜伽垫。

俯卧撑（起始）　　　　　　　　俯卧撑（执行）

4．徒手深蹲 1 分钟测试

徒手深蹲 1 分钟测试用于评估下肢力量和耐力，适合不同年龄段的人群进行体能评估。

◎ 测试目的

- 快速评估下肢力量和耐力。
- 检测核心稳定性和协调性。

② 测试步骤

1）准备：自然站立，双脚与肩同宽，脚尖略微向外。

2）起始：双手交叠在胸前以保持平衡，挺胸收腹，目视前方。

3）执行：弯曲双膝下蹲，直至大腿与地面平行，然后站直。

4）持续：连续完成深蹲动作，保持动作标准，直到 1 分钟时间结束。

◁》 注意事项

- 热身：测试前充分热身，包括腿部肌肉和关节的拉伸。
- 安全第一：如感到头晕或不适，应立即停止测试。
- 姿势标准：下蹲时膝盖不应超过脚尖，背部保持挺直，避免拱背。

- 呼吸控制：下蹲时吸气，站起时呼气。
- 适当节奏：保持适中速度，避免开始过快导致后期动作质量下降。
- 适当恢复：测试后给腿部肌群足够的恢复时间。

✍ 评分标准

- 优秀：男性 >50 次 / 分钟，女性 >40 次 / 分钟。
- 良好：男性 40 ~ 49 次 / 分钟，女性 30 ~ 39 次 / 分钟。
- 及格：男性 30 ~ 39 次 / 分钟，女性 20 ~ 29 次 / 分钟。
- 不及格：低于以上次数。

⏱ 测试设备

- 计时器：秒表或手机计时器。

自重深蹲（起始）

自重深蹲（执行）

5．引体向上测试

引体向上测试是评估上肢肌肉力量和耐力的常用方法，尤其适用于初中到大学阶段的男性青少年。

⊙ 测试目的

- 评估上肢力量和耐力。
- 反映体育锻炼水平。

⊙ 测试步骤

1）准备：受试者面向单杠，自然站立后跃起，正手握杠，双手与肩同宽，身体呈直臂悬垂。

2）引体：双臂用力向上引体，确保动作过程中无多余摆动或附加动作。

3）标准：向上至下颌超过单杠上缘，下放身体回到直臂悬垂，为完成 1 次。

4）记录：测试人员记录受试者在规定时间内完成的次数。

◁)） **注意事项**

- 热身：测试前，受试者应进行充分的热身活动。
- 终止：间隔超过 10 秒未完成下一次引体，则测试终止。
- 辅助：若身高较矮无法跳起握杠，测试人员可提供帮助。
- 保护：测试时应采取相应的保护措施，防止意外伤害。

📝 评分标准

• 初高中至大学男性：评分标准根据地区或测试机构略有不同，通常以完成次数为单位。

• 加分标准：若引体向上成绩超出单项满分，则可根据超出的次数进行额外加分。

⊘ 测试设备

• 高单杠或高横杠：杠的粗细适合握持。

• 计时器：用于记录测试时间。

• 电子引体向上测试仪（可选）：将臂带绑在上臂中部，显示屏记录完成的次数。

引体向上（起始）

引体向上（执行）

6. 屈膝卷腹 1 分钟测试

屈膝卷腹测试是评估腹部肌肉力量和耐力的常用方法，主要针对腹直肌、腹外斜肌和腹内斜肌。

◎ 测试目的

- 评估腹部肌群的力量和耐力。
- 检测核心稳定性和协调性。

⟳ 测试步骤

1）准备：受试者仰卧，双腿屈膝约 60°，双脚踩在地面上。

2）起始：双手向前伸直触膝，肩胛骨离地。

3）执行：集中腹部力量，抬起上背部靠向膝盖，然后缓慢返回起始位置。

4）记录：测试人员记录受试者在规定时间内完成的次数。

◁)) 注意事项

- 热身：测试前需进行适当的热身，以防止肌肉拉伤。
- 安全第一：如有头晕或不适应停止测试。
- 动作标准：保持背部弯曲，但不要让整个背部完全抬离地面。
- 呼吸：保持均匀呼吸，避免憋气。
- 速度控制：保持适当速度，避免动作过快影响动作质量。
- 适当恢复：测试后为腹肌提供足够的恢复时间。

◿ 评分标准

- 优秀、良好、及格：具体标准通常以次数为单位，依据地区或测试机构略有不同。

◎ 测试设备

- 秒表：用于记录 1 分钟时间。
- 平坦地面：如健身房地板或瑜伽垫。

卷腹（起始） 卷腹（执行）

速度测试与记录

1. 10 米加速冲刺

10 米加速冲刺是一项用于评估运动员短距离爆发力和加速度的常用测试。该测试方法同样适用于 50 米和 100 米的加速跑，以适应不同运动项目对加速能力的需求。

◎ 测试目的

- 评估运动员的启动速度和加速度。
- 测量短时间内的爆发力。

⚙ 测试步骤

1）准备：受试者在起点线后站立准备，采取站立式起跑姿势。

2）起跑：听到起跑信号后，受试者全力冲刺。

3）加速：在 10 米的直线距离内尽可能快地加速。

4）记录：测试人员在受试者通过终点线时记录时间。

◁ 注意事项

• 热身：充分热身，防止运动伤害。

• 起跑姿势：选择合适的起跑姿势，以确保加速效果。

• 测试环境：在安全、无障碍的直线跑道上进行。

• 装备：穿着适合的运动鞋，以提供良好的抓地力。

• 避免逆风：测试时避免逆风，以减少风阻对成绩的影响。

• 多次测试：可进行多次测试，以最佳成绩为准。

✎ 评分标准

• 时间记录：通常以 10 米完成时间进行评分，时间越短代表速度越快。

• 性别和年龄标准：不同性别和年龄组的评分标准会有所不同。

⏱ 测试设备

• 计时器：高精度计时器或秒表，用于记录时间。

• 跑道：清晰标识的起跑线和终点线。

10 米加速

2. 5-10-5 敏捷性测试

5-10-5 敏捷性测试是一项用于衡量运动员敏捷性和加速能力的常用方法，测试要求运动员进行一系列冲刺和减速动作，以评估其爆发力、速度和方向转换能力。

◎ 测试目的

• 评估运动员的爆发力、速度和方向转换能力。

测试步骤

1）准备：受试者站在中心起点，左右两侧分别放置距离为 5 米的标记点，呈直线分布。

2）起跑：听到起跑信号后，运动员从中心起点向一侧冲刺 5 米，触碰标记点。

3）反向冲刺：立即转身向相反方向冲刺 10 米，触碰另一侧标记点。

4）返回中心：再次转身，冲刺 5 米回到起点，测试结束。

注意事项

- 热身：测试前需充分热身，包括慢跑、动态拉伸和加速跑。

- 起跑姿势：选择适合的起跑姿势，以确保爆发力。

- 测试环境：确保测试在安全、无障碍的跑道上进行。

- 装备：穿着合适的运动鞋，以提供足够的抓地力。

- 避免逆风：测试时应避免逆风，以减少风阻对测试成绩的影响。

- 多次测试：可多次进行测试，以最佳成绩为准。

测试设备

计时器：高精度计时器或秒表，用于记录时间。

跑道：标有清晰的起跑线、终点线和中间标记。

5-10-5 敏捷性测试（起跑）

5-10-5 敏捷性测试（折返）

5-10-5 敏捷性测试（冲刺）

3．T 形跑

在 T 形跑测试中，测试设计旨在评估运动员的敏捷性、多方向速度和快速变向的能力。

测试目的

- 评估运动员的多方向起动速度和敏捷性。
- 检测运动员在加速、减速及变向时的步伐调整能力。

测试步骤

1）准备阶段：设置四个标志锥，分别标记为 A、B、C 和 D 点——A 点为起点，B 点在 A 点正前方 10 米处，C 点和 D 点分别在 B 点的左右两侧，各距 B 点 5 米。

2）第一次冲刺：运动员从 A 点出发，冲刺至 B 点。

3）侧滑步：到达 B 点后，运动员侧滑步至 C 点。

4）第二次侧滑步：从 C 点侧滑步至 D 点。

5）返回：从 D 点侧滑步回到 B 点。

6）后退跑：从 B 点后退跑回到起始 A 点，测试结束。

注意事项

- 热身：测试前进行充分的热身，包括慢跑和动态拉伸，以预防运动伤害。

- 起跑姿势：确保采用正确的起跑姿势，以便快速启动。
- 环境安全：确保在平坦、无障碍的场地进行测试。
- 装备：穿合适的运动鞋，确保抓地力。
- 避免逆风：测试时避免逆风，以减少对成绩的影响。
- 多次测试：可进行多次测试，以最佳成绩为准。

☑ 评分标准

- 时间记录：通常以完成整个 T 形跑所需的时间进行评分，时间越短代表成绩越好。
- 性别和年龄标准：不同性别和年龄组有不同的评分标准。

⊙ 测试设备

- 计时器：高精度计时器或秒表，用于记录时间。
- 标志锥：用于标记 A、B、C 和 D 点的位置。

T 形跑（起始）

T 形跑（执行）

爆发力测试

1. 原地摸高测试

原地摸高测试是一项评估运动员下肢爆发力和垂直跳跃能力的常用方法，广泛应用于体育测试和体能评估中。

🎯 测试目的

- 评估下肢爆发力和协调性。
- 测量个体的垂直跳跃能力。

🗨️ 测试步骤

1）准备：双脚并拢或与肩同宽，站在指定的起跳区域。

2）起始高度标记：在最长手指上涂抹标记粉，挺胸站立，单臂上举至完全伸展，用最长手指触摸摸高器并留痕，作为起始高度的标记。

3）起跳：调整起跳位置，双脚原地起跳，用同一手指触摸摸高器并留痕，作为最高点的标记。

4）记录成绩：测量两次标记的距离，作为垂直跳跃成绩。

◁) 注意事项

- 热身：测试前进行充分热身，特别是腿部和腰部的拉伸，以减少受伤风险。

- 安全：确保测试区域无障碍物，防止跳跃过程中发生跌倒。

- 正确姿势：保持背部挺直，膝盖与脚尖同向，避免膝盖内扣。

- 呼吸：在下蹲时吸气，起跳时憋气，以获得稳定的核心支持。

- 轻便装备：避免穿戴可能影响测试结果的重装备。

- 多次测试：允许多次测试，记录最好成绩。

评分标准

- 成绩：通常以厘米为单位，记录跳跃高度差，即从起始标记至最高点的距离。

- 性别和年龄标准：不同年龄段和性别有不同的评分标准。

⊙ 测试设备

　　· 摸高器：用于记录跳跃高度的设备，包含电子和非电子两种类型。家庭测量可使用涂抹颜料的手指接触墙面，测量两次标记的差距。

摸高（起始）　　　　　摸高（执行）

2. 立定跳远

　　立定跳远是一项用于评估下肢爆发力和协调性的常用测试，广泛应用于学校体质健康测试及运动员评估。

⊙ 测试目的

　　· 评估下肢的爆发力和协调性。

　　· 检测身体素质及锻炼效果。

测试步骤

1）准备：站在起跳线后，双脚自然分开，与肩同宽，准备起跳。

2）起跳：原地双脚用力蹬地，同时向前摆臂，尽可能跳远。

3）落地：完成跳跃落地后，测量起跳线后缘至最近落地点后缘之间的垂直距离。

注意事项

- 热身：在测试前进行充分热身，包括动态拉伸和轻度的腿部运动。

- 安全环境：确保测试在安全、无障碍的场地进行，防止滑倒或跌倒。

- 起跳姿势：双脚应在起跳线后，起跳时脚尖不能越线，且避免脚尖触线。

- 装备：可以选择赤足或穿运动鞋，但禁止穿钉鞋、皮鞋或凉鞋，以保证测试的公平性和安全性。

- 规则要求：起跳时禁止垫跳、助跑或连跳，违反规则的跳跃将视为无效。

评分标准

- 成绩记录：以厘米为单位测量距离，记录最好成绩。

- 性别和年龄标准：不同年龄和性别的标准评分会有所不同。

⊙ 测试设备

- 丈量尺：适用于沙坑或土质较松软的场地，以确保测量准确。

- 立定跳远测试垫：也可使用专用的测试垫，方便在室内或平坦地面上进行操作。

跳远（起始）

跳远（执行）

🚫 **误区！单一训练方法真的更有效吗？**

在运动训练中，仅关注单一训练方法而缺乏系统性训练常常会导致效果有限。

训练方法的局限性

针对性过强：单一训练方法侧重于提升特定素质或技能。例如，只进行最大力量训练，虽能增粗肌肉纤维、提升最大力量，但对肌肉耐力和柔韧性提升作用不大，在像马拉松这种长时间、低强度运动场景中效果有限。

忽视关联性：人体机能相互关联。比如只注重神经力量训练，像跳深、药球投掷，忽略肌肉耐力和心肺功能训练，在篮球比赛中，运动员仅有爆发力是不够的，还需要通过心肺功能维持体能、肌肉耐力保证动作稳定性。

训练适应和损伤风险

适应性瓶颈：身体会适应单一训练方法，进步速度会减缓。如长期只进行有氧慢跑，心肺功能和耐力最初会提升，但随着身体适应，提升幅度会变小甚至停滞，因为身体适应刺激后就不再需要更多改变。

损伤风险增加：过度依赖单一训练易增加受伤风险。例如，只大量重复投掷动作训练上肢力量，肩部等关节和肌肉群易疲劳损伤，因为单一动作模式下相同肌肉和关节反复受压，缺少休息，也缺少其他肌肉群的支持。

运动项目的需求特点

综合要求：多数运动项目需要多种身体素质和技能综合运用。以足球为例，仅进行速度训练，球员直线冲刺速度可能提高，但比赛中还需要力量对抗、耐力奔跑、灵敏躲避和协调完成动作，单一速度训练满足不了比赛要求。

结合需求：运动训练包括身体素质和技战术训练。仅关注单一身体素质训练，如只进行柔韧性训练，忽略与技战术结合，在篮球比赛中，球员虽有柔韧性优势但不知如何在团队配合中利用，训练效果就会大打折扣。

第5章

体能方法论的八大训练支柱系统

本章课程设计背景

现今，许多人在运动过程中遇到疼痛和损伤，特别是在提升运动能力的过程中，这些问题变得更为显著。几乎无人能够在运动中获得真正的健康，或在健康的状态下持续实现自身的运动目标。缺乏康复视角的专项运动往往导致问题，系统化的康复体能训练才是提高运动表现并减少伤害的关键。

本书致力于传播最前沿的体能与康复训练体系，推广康复体能训练与专项运动的融合，以帮助运动员在各年龄段实现最佳的运动表现，同时保证无伤训练。

01

动态全面热身

定义

动态热身是一种为正式训练做准备的活动，通过渐进的动态动作激活肌肉、提高关节灵活性和血流量，为后续更高强度的训练做好准备。动态热身的目标是预防运动伤害并提升表现，通常包括一系列的运动控制练习，如"伟大伸展""燕式平衡"和"身体扭转"等，旨在逐步提高肌肉温度、心率，降低肌肉和肌腱的黏滞性。

训练目标

1. 提高心率与核心温度。
2. 激活神经系统，实现从大脑到肌肉的快速信息传递。
3. 提升身体的减速控制力。
4. 维持肌肉最佳的长度—张力关系，促进力量输出。
5. 激活核心肌群。
6. 为多方向、旋转运动做好准备。

一项荟萃分析系统评估了不同热身方法对下肢爆发力急性效果的影响，并寻找最优的热身策略。结果显示，动态拉伸和静态结合动态拉伸在提高反向跳跃高度（cm）方面显著优于对照组。其中，动态拉伸的效果受到拉伸持续时间（7～10分钟最佳）、研究人群和年龄等因素的调节。动态拉伸还显著提高了冲刺时间（s），而静态拉伸则显示出对爆发力的显著负面影响。此外，泡沫轴滚动等方法与对照组之间并未显示出显著差异。研究指出，动态拉伸是一种稳定且高效的热身方法，尤其适合在运动前用于提高爆发力表现；静态结合动态拉伸亦表现出良好的效果，而单纯静态拉伸不建议作为提升爆发力的热身策略。

动态全面热身动作库

动作名称	动作示例
❶ 脚踝交替下压	

续表

动作名称	动作示例
❷ 髋关节预激活	
❸ 髋关节侧压	
❹ 髋关节屈膝外展	

续表

动作名称	动作示例
❺ 髋关节直膝侧踢	
❻ 四点支撑翻书	
❼ 脊柱伸展屈曲	
❽ 弓步髂腰肌伸展	

一项集群随机对照试验评估了结构化热身方案对预防青少年运动员下肢损伤的效果。研究涵盖了挪威 120 个手球俱乐部的 1837 名 15 至 17 岁的运动员，其中 61 个俱乐部实施干预措施，59 个为对照组。干预组采用旨在提高跑步、切入和着陆技术，以及加强神经肌肉控制、平衡和力量的结构化热身方案。

结果显示，干预组的受伤率为每 1000 个运动员小时 0.5 次，对照组为 0.9 次。干预组 46 名运动员（4.8%）受伤，对照组为 76 名（8.6%）。数据表明，结构化热身显著降低了急性膝盖和脚踝损伤的风险。研究结论强调，预防性训练计划应融入青少年体育活动中，以有效减少运动损伤并保护运动员健康。

动作名称	动作示例
⑨ 马蹄跳	
⑩ 举手跳	
⑪ A 式小跳	

续表

动作名称	动作示例
⑫ 高跷跳	
⑬ 前进转髋跳	
⑭ 后退转髋跳	

续表

动作名称	动作示例
⑮ 燕式激活	
⑯ 滑雪跳	
⑰ 山式爬行	

一项集群随机对照试验证实，FIFA 11+热身方案能显著降低男性青少年足球运动员的运动损伤风险。该方案结合跑步、力量、弹跳和平衡训练，旨在减少训练和比赛中的受伤率。研究显示，与传统热身相比，FIFA 11+使训练中受伤率降低 37%，比赛中降低 29%，下肢严重损伤概率减少约 50%。

此外，FIFA 11+通过提升敏捷性、功能性平衡以及核心和下肢稳定性，为足球专项训练和比赛提供了充分准备。该方案适用于 14 岁以上男女足球运动员，建议每周至少进行两次，每次约 20 分钟。研究表明，FIFA 11+ 不仅是一种有效的伤害预防工具，还能促进青少年运动员的健康和运动表现。

续表

动作名称	动作示例
⑱ 四足爬行	
⑲ 敏捷神经激活	
⑳ 小碎步快速转髋	

续表

动作名称	动作示例
㉑ 交叉跳	
㉒ 加速跑	

02
神经反应与敏捷训练

定义

　　神经反应与敏捷训练旨在提升运动员的神经系统响应速度和协调能力。这类训练通常包括快速变向、步伐训练和反应时间训练等，适用于需要敏捷性的各类运动项目。常用的训练形式有锥形桶练习、反应球训练以及喊号追逐跑等，它们可以提升运动员的视觉或听觉反应速度，从而使其在比赛中表现得更敏捷、反应更快。

训练目标

　　1. 提高反应速度：此类训练旨在缩短从感知信号到动作反应的时间。通过视觉、听觉或触觉信号训练，使神经和肌肉快速协同响应。

　　2. 增强肌肉协调性：通过针对性的练习来提高肌肉群的协调性，以便在快速反应时能更加流畅、准确。

　　3. 提升平衡与稳定性：敏捷性训练通常要求在变

向时维持身体的平衡与控制，帮助运动员在高强度变化中保持姿态稳定。

4. 加强关节稳定性：爆发力训练可强化关节周围的支撑肌群，从而增强对关节的保护。

5. 提高认知反应能力：训练视觉处理、时机判断、反应速度和预测能力等认知技能，提升敏捷性。

6. 促进神经肌肉效率：通过提高神经系统与肌肉之间的响应效率，加快动作执行的速度与力量输出。

7. 增强空间感知：帮助运动员更好地感知场地空间，以便在快速反应时能更准确地定位和判断。

8. 提高运动技能与决策能力：通过模拟比赛情境的练习，提升运动员的反应速度和执行决策的准确性。

9. 适应突发情况：敏捷性训练常加入不可预测的元素，使运动员能够灵活应对比赛中的变化。

10. 降低受伤风险：提高反应速度与协调性有助于减少因反应不及时或动作失控导致的运动损伤。

神经反应与敏捷训练动作库

动作名称	动作示例
❶ 前后分腿跳	
❷ 双腿前后下踏	
❸ 双腿左右甩摆	

续表

动作名称	动作示例
❹ 双脚原地快速下踏	
❺ 快速交叉步	
❻ 交替前后步	

续表

动作名称	动作示例
❼ 左右旋转跳	
❽ 敏捷梯转髋跳	
❾ 敏捷梯侧向进进出出	

续表

动作名称	动作示例
❿ 敏捷梯分腿跳	
⓫ 敏捷梯进进出出	
⓬ 敏捷梯手脚向前开合	

续表

动作名称	动作示例
⑬ 敏捷梯开合	

03

快速伸缩复合训练

定义

快速伸缩复合训练，也称为增强式训练或超等长训练，是一种注重肌肉在短时间内的快速伸展与收缩，以提升爆发力、速度和协调性的训练方法。通过激活肌肉的"拉伸 - 收缩循环"（Stretch-Shortening Cycle，

SSC），这种训练能够让肌肉在快速伸展后立即产生强力收缩，适用于篮球、足球、羽毛球等需要爆发性动作的运动。常见的练习方式包括深蹲跳、爆发式俯卧撑、深蹲跳和栏架跳等。

训练目标

1. 提高肌肉快速伸缩能力：通过 SSC 机制拉伸并激活肌梭，促进快速反射收缩，提升肌肉爆发力和动作效率。

2. 增强力量输出：提升运动员在短时间内产生力量的能力，关键性地支持需要快速加速或跳跃的运动项目。

3. 提升速度与敏捷性：增强肌肉纤维快速收缩的能力，提升加速、减速等反应速度，有助于赛场上的灵活表现。

4. 优化运动表现：提高短跑、跳跃、变向和投掷等各种竞技表现，增加赛场上的运动效率。

5. 增加骨密度与伤害预防：增强式训练的高冲击特性增强骨骼强度，促进骨密度提升，从而帮助预防骨质疏松和骨折等风险。

6. 高效燃烧热量，改善体成分：增强式训练的高强度属性有助于锻炼期间和之后持续燃烧热量，改善体成分并减少体脂。

7. 提高运动技能与决策能力：通过模拟比赛场景练习，提升运动员在实战中的决策速度和执行精准度。

快速伸缩复合训练动作库

动作名称	动作示例
❶ 跳姿分解练习 - 双脚下落	
❷ 跳姿分解练习 - 单脚下落	
❸ 跳姿分解练习 - 分腿落	

续表

动作名称	动作示例
❹ 跳跃训练技巧 - 单次跳跃训练	
❺ 跳跃训练技巧 - 双腿连续跳跃	

续表

动作名称	动作示例
❻ 跳跃训练技巧 – 分腿换脚跳	
❼ 跳跃训练技巧 – 登山跳	
❽ 跳跃训练技巧 – 单腿起落	

续表

动作名称	动作示例
⑨ 侧向跳跃 – 侧向滑雪跳	
⑩ 侧向跳跃 – 侧蹬跳	
⑪ 侧向跳跃 – 侧交叉跳	

续表

动作名称	动作示例
⑫ 敏捷梯双腿弹跳 –单双切换	
⑬ 敏捷梯侧向爆发 –侧向制动/单腿减速	
⑭ 敏捷梯单腿弹跳 –单腿纵跳	

续表

动作名称	动作示例
⑮ 敏捷梯双腿跳 – 纵跳训练	
⑯ 栏架弹跳爆发 – 双腿跳	
⑰ 栏架弹跳转冲刺 – 弹跳转直线冲刺	

续表

动作名称	动作示例
⑱ 栏架侧向弹跳爆发 – 侧向双腿跳	
⑲ 栏架侧向弹跳转冲刺 – 侧向转直线冲刺	

04 全方位速度与技巧训练

定义

全方位速度与技巧训练旨在提高运动员在各个方向上的移动速度和重心控制能力，包括直线速度、侧向速度和多方向速度。这类训练常采用短距离冲刺、折返跑和阻力训练等方法来提升运动员的最大速度和加速度，帮助其在竞技中获取优势。

训练目标

1. 提升线性速度：线性速度指在直线方向上的最高速度，是多数运动项目的基础速度能力。

2. 增强多方向速度（MDS）：提升多方向敏捷性，增强多个方向的加速、减速和变向能力，快速精准地改变身体方向与位置的能力。

3. 改善加速度：加速度指快速从静止或低速状态提升至最高速度的能力，这在快速启动和短时间内爆发力上尤为重要。

4. 优化运动技术：通过优化跑步姿势和步伐等技术训练，提高运动效率，减少不必要的能量损耗。

5. 提高反应速度：反应速度指对外界刺激的快速反应能力，在需要快速决策的运动时刻至关重要。

6. 增强肌肉协调性：提高肌肉群之间的协调配合能力，使运动员更高效地执行复杂的运动技能。

7. 提升神经肌肉效率：通过神经系统特定训练，增强肌肉激活效率，从而提升动作速度与力量。

8. 减少受伤风险：通过提升协调性和平衡能力，降低因技术不当或身体准备不足引发的运动伤害风险。

9. 个性化训练计划：基于运动员的个体特点和项目需求，设计个性化的训练计划，以实现最佳训练效果。

全方位速度与技巧训练动作库

动作名称	动作示例
❶ 摆臂分解练习 – 坐姿摆臂训练	

续表

动作名称	动作示例
❷ 摆臂分解练习－双腿跪姿摆臂练习	
❸ 摆臂分解练习－单腿跪姿摆臂练习	
❹ 摆臂分解练习－分腿站姿摆臂练习	

续表

动作名称	动作示例
❺ 摆臂分解练习 – 单腿站姿摆臂练习	
❻ 腿部分解练习系统5个动作（a.静力支撑　b.快速下踏　c.一令一动　d.一令三动　e.一令五动）	
❼ 加速技巧练习 – 三点式起跑训练	

续表

动作名称	动作示例
⑧ 加速技巧练习 – 弓步式起跑加速	
⑨ 加速技巧练习 – 站立前倾式加速跑	
⑩ 加速技巧练习 – 趴地式起跑训练	

续表

动作名称	动作示例
⑪ 加速技巧练习－两点式加速训练	
⑫ 启动速度训练－弹跳落地式启动	
⑬ 启动速度训练－旋转跳加速跑	

续表

动作名称	动作示例
⑭ 启动速度训练 – 侧向加速启动	
⑮ 启动速度训练 – 背向加速启动	
⑯ 启动速度训练 – 后退跑转加速跑	

续表

动作名称	动作示例
⑰ 启动速度训练 – 平躺启动加速跑	
⑱ 侧向启动加速技巧 – 侧向单腿跪姿启动跑	
⑲ 侧向启动加速技巧 – 侧向分腿启动跑	

续表

动作名称	动作示例
⑳ 侧向启动加速技巧 - 侧向进阶加速技巧	
㉑ 敏捷梯直线速度训练 - 前进	
㉒ 敏捷梯直线加速训练 - 直线速度训练	

续表

动作名称	动作示例
㉓ 敏捷梯侧向速度 – 侧向速度训练	
㉔ 敏捷梯侧向速度 – 侧向速度加速训练	
㉕ 敏捷梯侧向速度 – 进进出出"滑雪步"	

05
药球训练

定义

药球训练是一种力量和爆发力训练，使用药球（重球）来增强核心力量、协调性和灵活性。药球训练包含多种动作，如投掷、推举和旋转。这种训练多面性强，可同时提高力量、协调性和爆发力，是广泛适用于不同运动项目的高效训练方法。

训练目标

1. 增强力量和爆发力：通过各种投掷和抛接动作，如药球深蹲高抛和砸药球动作，增强上肢、核心和下肢的力量和爆发力。

2. 提升核心稳定性：药球卷腹和药球俯卧撑等药球练习，能够强化核心肌群，增加腹部和背部的稳定性，有助于运动表现和伤害预防。

3. 提高协调性和灵活性：药球训练中的复合动作需多个关节和肌肉群协调工作，从而提升身体的协调性和灵活性。

4. 增加运动功能性：药球训练模拟动态运动动作，如投掷和接球，有助于提高特定运动的表现。

5. 增强心肺功能：药球训练通常为高强度，特别是在循环训练或高强度间歇训练中，有助于提高心肺耐力。

6. 增加训练趣味性：药球训练多样性强，使锻炼过程更具趣味，帮助运动员保持动力和参与度。

7. 适用于不同运动水平：药球训练可根据体能和训练目标进行调整，适合从初学者到专业运动员。

8. 促进神经肌肉效率：提高神经系统激活肌肉的效率，从而提升动作速度和力量。

9. 提升运动技能和决策能力：模拟比赛场景的药球练习，有助于运动员在比赛中更快速、准确地决策和执行技能。

10. 个性化训练计划：药球训练灵活，可根据运动员的个性特点和运动项目需求制订个性化计划，以达到最佳训练效果。

药球训练动作库

动作名称	动作示例
❶ 跪姿药球下砸	
❷ 单腿跪姿药球下砸	
❸ 药球垂直下砸	

续表

动作名称	动作示例
❹ 药球旋转下砸	
❺ 弓步垂直下砸	
❻ 药球侧向滑雪跳	

续表

动作名称	动作示例
❼ 弓步跳药球甩摆	

06

神经力量训练

定义

神经力量训练旨在提高神经肌肉系统的效率，通过高强度、低重复次数的力量训练来增强肌肉力量和耐力。这种训练通常涉及深蹲、硬拉、卧推、俯卧撑和引体向上等大重量、低次数的练习，以刺激神经系统、改善肌肉协调性和提高力量输出。研究表明，青少年运动员进行适量的阻力训练也能显著提升整体运动表现。

训练目标

1. 提高神经肌肉效率：通过训练改善神经系统对肌肉纤维的募集与控制，使肌肉收缩更高效、强有力。

2. 增强肌肉力量：主要通过大重量、低次数的训练方法，增加肌肉的绝对力量。

3. 提升爆发力：提高肌肉在短时间内迅速发力的能力，对于加速、跳跃等运动尤为重要。

4. 改善运动技术，提高运动经济性：通过神经肌肉协调性的提高，使运动员的动作更流畅，运动技术更有效，减少不必要的能量消耗，从而提升运动经济性。

5. 促进肌肉平衡，预防运动损伤：有针对性地训练特定肌群，纠正肌肉不平衡，降低因不协调或过度使用导致的受伤风险。

6. 增强肌肉适应性，提高专项运动表现：增强肌肉对不同运动需求和环境变化的适应能力，优化运动员在该领域的神经肌肉表现。

7. 促进恢复和再生：适当的神经力量训练有助于加速肌肉的恢复过程，缓解训练后的疲劳。

一项研究探讨了综合神经肌肉训练（INT）对青春期前足球运动员运动表现的影响。38 名足球运动员被随机分为实验组和对照组，实验组在 12 周内每周接受两次 INT 训练并评估平衡性、灵活性、反向垂直跳跃高度（CVJH）、冲刺速度和变向速度（CODS）。

结果显示，INT 组在平衡性、灵活性、CVJH 和 CODS 方面显著提升，而对照组未见明显变化，但冲刺速度未见显著改善。研究表明，将 INT 计划融入常规足球训练有助于提升青春期前运动员的相关运动表现。

神经力量训练动作库

动作名称	动作示例
❶ 高强度腿部力量练习 - 超慢速下蹲	
❷ 高强度腿部力量练习 - 单腿超慢速下蹲	
❸ 高强度上肢力量练习 - 超慢速跪姿俯卧撑	
❹ 高强度上肢力量练习 - 超慢速标准俯卧撑	

抗阻力训练（RT）对青年运动员的肌肉适应性和运动表现具有积极影响。研究表明，RT能有效提高肌肉力量、爆发力、耐力，同时可能间接改善协调性。LTAD模型强调，RT在不同成熟阶段的应用对运动员的持续进步和健康至关重要。

适当设计的RT计划不仅能减少受伤风险，还能显著提升运动表现并促进整体健康。个性化方案与专业指导是确保训练安全性和效果的关键。

续表

动作名称	动作示例
❺ 静态核心力量训练 – 平板支撑	
❻ 静态核心力量训练 – 四足支撑	
❼ 静态核心力量训练 – 侧支撑	
❽ 静态核心力量训练 – 臀桥支撑	

一项发表在《国际环境研究与公共卫生杂志》上的系统综述和元分析表明，力量训练对青少年的焦虑和抑郁症状有显著改善效果，尤其是在传统力量训练模式下。研究建议推广个性化力量训练计划，由专业人员指导以确保安全，并结合有氧训练以提供更全面的心理社会健康益处。

续表

动作名称	动作示例
❾ 动态核心力量训练 – 动态平板支撑	
❿ 动态核心力量训练 – 四肢游泳	
⓫ 动态核心力量训练 – 平板支撑交替抬腿	
⓬ 动态核心力量训练 – 动态四点支撑	

续表

动作名称	动作示例
⑬ 动态核心力量训练 – 侧桥上抬腿	
⑭ 动态核心力量训练 – 臀桥	
⑮ 动态核心力量训练 – 单腿臀桥	
⑯ 动态核心力量训练 – 交替抬腿臀桥	

续表

动作名称	动作示例
⑰ 爬行力量训练 – 熊爬	
⑱ 爬行力量训练 – 横向俯卧爬行	
⑲ 核心训练 – 死虫式	
⑳ 敏捷梯核心训练 – 俯卧撑核心横移	

续表

动作名称	动作示例
㉑ 敏捷梯核心训练 – 核心稳定和脚踝灵活	
㉒ 敏捷梯核心训练 – 四足核心横移	
㉓ 敏捷梯核心训练 – 俯卧撑摸肩横移	

07

心肺能量系统训练

定义

心肺能量系统训练（心肺训练）是提升心肺功能和耐力的运动方式，通常涉及跑步、游泳、骑行等活动，旨在增强体内的氧气输送和利用效率。心肺功能是体能的重要组成部分，对长时间运动的耐力和恢复有显著影响。

训练目标

1. 提高心肺耐力：增强心脏泵血和肺部供氧能力，使身体在持续运动中更有效地利用氧气。

2. 提升运动表现：增加运动耐力，提升在各种体能活动中的表现和效率。

3. 改善心理健康：心肺训练能减缓压力和焦虑，有助于提升情绪与整体心理健康水平。

4. 提高生活质量：心肺训练的长期效果能使日常活动更轻松，提高个体的自信心和幸福感。

一项为期 3 年的追踪研究表明，保持高水平心肺适能（CRF）的青少年在认知表现方面具有显著优势，包括更短的反应时间、更强的自我控制能力。此外，研究发现，CRF 的改善与认知任务中反应时间的显著缩短有关。

另一项研究显示，呼吸阶段系统性地影响了与杏仁核和海马体功能相关的认知任务。鼻腔呼吸与大脑边缘系统的振荡活动同步，调节情绪处理和记忆功能，进一步说明呼吸模式与认知功能的密切关联。

5. 预防慢性疾病：定期心肺训练可降低心脏病、高血压和糖尿病等慢性疾病的风险。

6. 延长寿命：通过提高心肺功能和整体健康状态，延长寿命并促进健康老龄化。

心肺能力系统训练动作库

动作名称	动作示例
❶ 高抬腿	
❷ 前后分腿跳	

高强度间歇训练（HIIT）对球拍类运动选手的力量、速度和耐力表现具有显著提升效果。一项系统综述发现，HIIT通过结合高强度运动与短暂休息，显著改善了跑步速度、心肺功能和肌肉耐力，有助于提升整体运动表现。

尽管HIIT对身体负荷较大，研究表明，在适宜的强度和恢复时间下，这是一种有效的训练方式。对于球拍类运动选手而言，HIIT提供了一种科学、高效的训练策略，有助于全面提升比赛表现和体能水平。

续表

动作名称	动作示例
❸ 开合跳	
❹ 横向开合跳	
❺ 波比跳	

定义

呼吸和放松训练是通过深呼吸、冥想和渐进性肌肉放松等方法来帮助运动员减压、提升专注力和加速身体恢复的训练方式。适当的呼吸和放松技术对运动员的心理健康和生理恢复至关重要，有助于减轻训练或比赛后的疲劳并减少受伤风险。

训练目标

1. 提高呼吸效率：增强吸气肌肉群的力量和耐力，以提高氧气摄入和二氧化碳排出效率，促进全身血液循环，提升肌肉中肌红蛋白的氧气储存与利用能力，提高运动员对二氧化碳的耐受能力，以支持更长时间的运动。

2. 增强心肺功能：通过呼吸训练，提升心肺耐力和功能，使运动员在长时间运动中保持较高的体能水平，从而提高整体运动表现。

3. 优化运动节奏：掌握正确的呼吸模式，可以帮助运动员更好地控制节奏，减少运动中的不适感和运动损伤风险。

4. 促进放松与恢复：放松训练降低神经系统的兴奋性，使肌肉和中枢神经得到放松，有效缓解疲劳，加速恢复过程。

5. 管理情绪和心理状态：通过呼吸训练提高专注力并放松心情，帮助运动员在比赛期间调节压力，管理情绪，避免紧张和焦虑。

6. 减少乳酸堆积：改善呼吸效率，加速乳酸清除，缓解运动后肌肉酸痛并减少疲劳感。

7. 改善姿势：通过正确的呼吸练习，帮助改善身体姿势，减少因姿势不当而导致的运动损伤风险。

呼吸与放松训练动作库

动作名称	动作示例
❶ 屈膝腹式呼吸	

续表

动作名称	动作示例
❷ 四足手肘支撑呼吸训练	
❸ 四足位呼吸训练	
❹ 盘腿腹式呼吸	

训练重点总结

在对年轻运动员的训练中，所有运动能力的提升都应基于基础动作的掌握。这首先需要运动员具备协调且稳定的运动能力。掌握基础后，才能进入更高级的增强式技巧训练、动态力量、速度技能和敏捷性训练。

每项训练技能是为下一阶段的进阶奠定基础的。因此，训练应分阶段进行，将复杂动作分解为各个练习，以帮助运动员在提升之前逐步掌握每项技能。

当每项基本技能逐一掌握后，运动员才能有效地进行增强式训练、力量提升、爆发力发展和速度训练。各训练模块彼此依赖且环环相扣，要确保在进入下一个训练阶段前，先稳固前一阶段的技能。这种循序渐进的策略能够最大化训练效果，帮助运动员建立扎实的运动能力基础，从而更好地实现运动目标。

第6章

青少年运动员的
营养和恢复策略

01
青少年运动员的营养

青少年运动员的营养需求具有特殊性，以下几个方面尤为重要。

优质蛋白质的摄入

蛋白质对肌肉修复和生长至关重要。青少年运动员应摄入足够的优质蛋白质，如瘦肉、鱼类、豆制品、蛋类和奶制品，具体剂量取决于运动类型和强度。

复合碳水化合物的摄入

复合碳水化合物是运动能量的主要来源。建议摄入全谷物、薯类、山药和蔬菜等帮助稳定血糖水平，并提供持久的能量。

健康脂肪的选择

健康脂肪对能量供给和脂溶性维生素吸收十分重要。推荐选择橄榄油、坚果、牛油果和深海鱼类等富含健康脂肪的食物。

维生素和矿物质的补充

蔬菜和水果提供丰富的维生素和矿物质，有助于增强免疫力和维持肌肉功能。

充足的水分补充

维持适当水分摄入有助于体液平衡，防止脱水。

避免不健康食物

应限制高糖、高脂肪和高盐食物的摄入，以避免能量过剩并保持健康的身体状态。

个性化饮食计划

每个运动员的身体状况、训练强度和营养需求有所不同，建议在营养师或教练指导下，制订个性化的饮食计划。

营养素摄入时机

训练后 30 分钟内摄入蛋白质有助于促进肌肉修复和生长，最大化蛋白质合成效果。

特别关注铁质和钙质的摄入

铁对预防贫血和支持运动表现非常重要，尤其是女性。钙有助于骨骼健康，可降低应力性骨折的风险。

微量营养素补充

对于可能存在微量营养素缺乏风险的运动员（如限制热量摄入或减重的运动员），建议在营养专家指导下进行必要的补充。

营养基因组学的应用

基于遗传信息的个性化营养方案可帮助运动员获得竞争优势。通过基因检测可以制订更为精准的营养方案。

青少年运动员的营养补充需谨慎对待。根据国际奥委会（IOC）共识声明，营养虽对运动表现贡献有限，但适当的膳食补充剂可在特定情况下起到辅助作用。补充剂常用于解决微量营养素缺乏、提供便捷的能量和宏量营养素，以及支持高强度训练和改善运动表现。然而，不当使用可能危害健康、违反反兴奋剂规定，并损害运动员的声誉。

目前，仅少数补充剂（如咖啡因、肌酸、缓冲剂和硝酸盐）有较强的证据支持其对运动表现的益处，但个体差异（包括遗传、微生物组和饮食习惯）会显著影响效果。因此，建议在训练或模拟比赛中充分试验后，再在正式比赛中使用。

此外，某些补充剂存在无意摄入被禁物质的风险，这对精英运动员尤其重要。在开始使用任何补充剂前，运动员应接受全面营养评估，并咨询营养专家，以最大限度保护健康并避免潜在危害。

总之，青少年运动员的营养计划应全面、均衡，既满足生长发育需求，又支持运动表现，并在专业人士的指导下根据个人情况进行调整。

02
运动后高效恢复的适当策略

运动员在运动后采取适当的恢复策略，有助于促进身体恢复、减少肌肉损伤并提升后续运动表现。以下是一些高效的恢复策略。

营养补充

运动后 30 ~ 60 分钟内补充均衡的碳水化合物和蛋白质尤为重要。选择易于消化的食物，如牛奶、鸡蛋和蛋白粉，以快速提供氨基酸，帮助肌肉修复。

补充水分和电解质

运动后及时补充水分和电解质，有助于维持体液平衡，防止脱水。

动态拉伸

进行轻松的动态拉伸有助于肌肉放松、促进血液循环，并帮助清除代谢废物。

冷疗、热疗或冷热水交替

冷疗

如冰浴，通过血管收缩减少炎症和肌肉肿胀，有助于缓解肌肉酸痛。

- 缩短恢复时间：冷疗可以抑制局部的炎症反应和代谢活动，帮助减少组织损伤，从而缩短恢复时间。
- 降低受伤风险：通过控制炎症和肿胀，冷疗可以降低因过度使用导致的损伤风险。
- 使用方法：建议在 10～15℃的水温中浸泡 11～15 分钟，具体时间可根据个体耐受度调整。

热疗

如热水浴，通过血管扩张和增加血流量来放松肌肉，减少肌肉紧张和僵硬。

- 改善血液循环：热水浴使肌肉组织温度上升，促进血液循环，使肌肉更容易伸展。
- 排毒：热水浴促进出汗，有助于排出部分代谢废物。
- 使用方法：建议在运动后至少 2 小时进行热水浴，水温保持在 38～40℃，浸泡 10～15 分钟。

冷热水交替

热水浴使血管扩张，增加肌肉的血液流动；冷水浴则使血管收缩，促进血液循环的交替变化。

• 使用方法：在热水中浸泡35分钟后，转入冷水中浸泡30秒到1分钟。根据个人承受能力，重复2~3次。

🔊 注意事项

• 有心脏病、怀孕或其他健康问题的人在进行冷热交替浴前应咨询医生。

• 冷热交替浴期间应补充水分，因为热水浴可能导致脱水。

• 每个人对冷热交替浴的反应不同，建议根据个人体验调整温度和时间。

光疗法（红光疗法）

利用特定波长的红光或近红外光来刺激身体的自然愈合过程的一种非侵入性治疗方式。它通过增加血液循环、减少局部炎症、促进胶原蛋白合成及提升线粒体ATP的生成，从而帮助细胞产生更多能量。对于运动员来说，光疗法可能在减少肌肉酸痛和加速肌肉及关节的恢复上具有一定益处，但效果因个体及治疗参数而异。

进一步的研究表明，红光照射对人体具有多种益处，特别是在促进耐力、抗疲劳能力和加速运动恢复方面。红光通过刺激线粒体中的细胞色素C氧化酶，提高能量代谢相关酶的活性，从而促进三磷酸腺苷

（ATP）的生成，为组织细胞提供更多能量，并加速代谢废物的清除。此外，红光能通过改善血流和氧气运输能力，间接增强机体的耐力和抗疲劳能力。

按摩和泡沫轴滚动

运动后按摩可缓解肌肉紧张和疼痛，而泡沫轴滚动能促进血液循环，帮助肌肉加速恢复。

充足睡眠

睡眠是身体恢复的关键阶段，确保充足的睡眠对于肌肉修复和生长非常重要。

心理恢复

心理恢复也至关重要，可以通过冥想、听音乐或其他放松活动来减轻心理压力，维持良好的精神状态。

避免连续高强度训练

合理安排训练计划，避免连续两天对同一肌肉群进行高强度训练，给予肌肉足够的恢复时间。

监测和调整

定期监测身体反应和运动表现，根据反馈适时调整恢复策略。

通过实施这些策略，可以有效加速运动后的恢复过程，减少受伤风险，并提升训练效果和整体运动表现。

研究支持

数据显示，青少年运动员普遍存在睡眠不足的现象，这可能受以下因素影响：学业负担、社交活动、咖啡因摄入、夜间屏幕使用以及紧张的比赛安排。睡眠不足对健康、行为、注意力、学习和运动表现有显著的负面影响。尽可能调整训练时间和上学时间，以充足的睡眠为中心来设计活动安排。许多表现上的积极变化或消极变化可能更多地与生物钟有关，而非仅仅取决于教练和训练。

从大量研究来看，为其他活动而牺牲青少年的睡眠，从健康和运动科学的角度来说，弊大于利。6～12岁的儿童建议每日睡眠时长为9～12小时；13～18岁的青少年儿童建议每日睡眠时长为8～10小时；6岁以下的儿童通常需要更多的睡眠。

睡眠不足的危害

- 认知能力下降（学习、记忆、决策、创造力和警觉性受损）
- 身体健康受损（康复速度下降、恢复不完全、新陈代谢紊乱、肌肉增长受阻、体重控制困难）
- 心理健康问题（压力大、焦虑、抑郁和控制力下降）

⊘ 误区！体能或力量训练会影响孩子长高吗？

有些家长和教练认为青少年不适合进行力量训练或高强度训练，原因主要有以下几点。

误解1：力量训练的高强度可能增加青少年运动损伤的风险。

误解2：力量训练可能导致生长板过早闭合，从而影响身高发育。

误解3：举重运动员身材较矮，导致部分人误以为力量训练影响身高。

这些观点大多属于"经验主义"或未经验证的传言，缺乏科学实证数据。需要明确的是，力量训练的潜在负面影响更多出现在负荷过大、强度不适或缺乏专业指导的情况下。早在1996年，美国体能协会（NSCA）就针对青少年力量训练发布了立场声明，并指出，过去认为力量训练对儿童和青少年既不合理也不安全，但目前的普遍共识是，只要由有资质的力量训练专家设计和监管，力量训练对青少年安全有效。

基于 2009 年的研究证据说明，合理设计并在监督下进行的力量训练对青少年是相对安全的，并具备以下益处。

1. 可以显著提升青少年的肌肉力量。
2. 有助于改善青少年的心血管健康。
3. 提高了青少年的运动技能和表现。
4. 增强青少年对运动相关损伤的抵抗力。
5. 有助于改善青少年的心理和社会福祉。
6. 可帮助青少年建立长期的运动习惯。

因此，力量训练不仅适合青少年，而且对于他们的全面发展和运动表现至关重要。

此外，国际奥委会（IOC）在 2015 年发布的《青少年运动员长期发展声明》中强调：

"力量训练是有效的损伤预防手段，结合力量、耐力及平衡训练的神经肌肉训练可以将运动损伤风险降低 28% 至 80%。"

"尽管不同类型的力量训练对青少年有不同的益处，关键在于定期进行系统、可持续的力量训练，最重要的是尽早开始。"

总之，力量训练不仅带来诸多好处，还是青少年发展中最易被忽视的重要训练形式。

第7章

青少年运动员的
心智成长

> **"** 心智决定体育高度。**"**

我在做体能康复教练时意识到，体能训练不仅让运动员在身体层面有所表现（力量、爆发力、速度、耐力、跳跃），还在心理层面同样显现出深远的影响（耐心、抗压能力、适应性、信念、纪律性和潜力）。本章将从身体与心理的双重影响入手，探讨心智发展的关键领域以及观察、想象、信念的作用。

体能与心智的桥梁

1．身体层面

传统的体能训练包括力量训练、速度训练、有氧和无氧耐力训练、柔韧性和协调性训练等。体能不仅是心肺功能的基础，也依赖于肌肉、骨骼和关节的协同作用。而这些身体素质的提升，通常被认为是单纯的"身体锻炼"，却常常忽略了它在心智层面的深层次作用。

2．心理层面

在训练中，不断超越体能极限的过程可以成为一种正念和意志力的锻炼。通过不断应对挑战和克服逆培的体验，体能训练成为个人的"北极星"，引导着运动员走向更强大、更坚韧的自我。

青少年心智发展的关键领域

在青少年运动员的成长过程中，心智成长是其全面发展的核心要素。在竞技场上，除了体能和技术，心理韧性和成熟度同样重要。以下是心智发展的 14 个关键领域。

① 目标设定与自我管理：鼓励青少年运动员设定清晰的、可实现的目标，掌握自我管理技能，包括时间管理、情绪调节和决策能力。通过实现小目标，逐步增强自信心和成就感。

② 压力应对与心理韧性：培养青少年运动员在面对比赛压力和挑战时的心理韧性。通过学习深呼吸、冥想等放松技巧，帮助他们从失败中吸取教训，建立有效的压力应对机制。

③ 团队合作与沟通能力：青少年运动员需在团队中学会协作，解决问题。良好的沟通能力有助于增进团队的理解，减少冲突，提升团队凝聚力。

④ 领导力培养：赋予有潜力的运动员领导角色，以培养决策力、激励他人和解决冲突的能力，这对于个人和职业发展都至关重要。

⑤ 情绪智力与同理心：培养情绪管理和同理心，帮助他们更好地理解自己与他人的情绪，建立积极人

一项对 16 名英国奥运冠军和世界冠军（"超级精英"）及 16 名未获得奖牌的国际运动员（"精英"）的成长经历研究发现，早期经历的挫折和艰辛常能激发他们极强的成功需求，并逐渐培养出持续的卓越动机。这种动力源于求生般的信念和坚韧的意志，可能决定了运动员的职业生涯高度与奖牌成就

际关系。

⑥ 价值观塑造：在青少年阶段形成正确的价值观，通过运动培养责任感、公平竞争意识和尊重他人的品质，使这些成为日常行为的准则。

⑦ 批判性思维与问题解决能力：通过培养批判性思维，提升运动员在面对问题时的分析和解决能力，使他们能有效制订策略并付诸实践。

⑧ 自我反思与成长心态：鼓励运动员在每次训练或比赛后进行自我评估，并树立成长心态，认识到成功来自不断努力和适应。

⑨ 时间管理与优先级设定：帮助他们掌握时间管理技巧，合理安排学业、家庭生活和社交活动，平衡各项任务。

⑩ 应对挫折与逆境：通过挫折教育和心理支持，教导青少年以积极心态应对挑战，从失败中获得成长动力。

⑪ 社交技能与人际关系：体育运动提供社交平台，通过团队互动学会与他人建立关系、处理冲突，提升社交技能。

⑫ 心理韧性训练：通过心理模拟、正向自我对话和压力管理训练，增强青少年在困难面前的心理韧性。

⑬ 教练与家长的榜样作用：教练和家长在青少年的心智成长中扮演重要角色，需以积极榜样的行为引导青少年健康发展。

⑭ 终身学习与自我提升：培养青少年持续学习和

自我提升的意识，通过不断挑战自我、学习新知识和技能，保持竞争力。

心智训练的核心工具

1."观看"是如何提高我们的表现的?

你有没有想过，为什么有时候看别人做某件事，自己也能学到东西? 在体育界，这可不是巧合。运动员通过观察别人的动作来提高技能，这背后其实是一门科学。让我们一起来揭开其中的奥秘吧!

① 观察学习与镜像神经元: 大脑中的"复制粘贴"

想象一下，你在观看一场篮球比赛，球员们精彩的扣篮和精准的投篮让你目不转睛。这种观察不仅仅是为了娱乐——其实你的大脑正在默默地学习。这就是所谓的"观察学习"，一种通过观察别人的动作来学习新技能的方式。

科学家发现，我们的大脑里有一种特殊的神经元，叫"镜像神经元"。当我们看到别人完成某个动作时，这些神经元会被激活，就像大脑在告诉自己:"哦，原来这个动作是这样完成的。"这种机制就像大脑的"复制粘贴"功能，帮助我们理解并模仿别人的行为。

② 想象与观察: 心理训练的双重作用

你有没有在脑海中想象过自己投篮得分的场景? 研究表明，这种"心理排练"其实和观察学习同样重要。运动员通过在脑海中模拟动作，再结合实际观察，可以更有效地提升比赛表现。这就像是在心里预演，帮助他们在真正的比赛中更加自信和精准。

例如，一个足球运动员通过观看世界级球员的比赛，可以学到更好的控球技巧和战术策略。这种学习方式对需要快速反应和精准动作的运动项目尤其有效。

③ 注意力的焦点：看哪里很重要

在观察别人时，注意力的焦点至关重要。如果只关注动作的结果，比如进球成功，这可能不如专注于动作的细节，比如球员如何控制脚力和方向来得有效。正确的观察重点可以帮助我们更快掌握技能。此外，在快节奏的运动中，运动员需要迅速捕捉关键信息，比如球的位置和对手的动作，这种"视觉搜索"能力是顶级运动员的标志，可以通过正确的观察进行训练。

④ 反馈：让我们知道做得怎么样

在学习新技能时，反馈是不可或缺的。在体育训练中，教练的指导是一种反馈，而我们的身体感受也是一种反馈。通过结合这两种反馈，运动员可以更清楚地了解自己的表现，并及时调整动作。

2. 想象与视像化的魔力

最新研究表明，想象和视觉化技术能够有效提升运动员表现，同时影响生理唤醒和自我调节。研究特别探讨了引导性想象（通过音频、视频或语言引导）和自我产生的想象（依赖个体心理表征）在不同情境下的作用及其对皮肤电导水平（SCL）的影响。

研究发现，自我产生的想象通常与更低的 SCL 值相关，表明更高的放松度和更低的神经系统激活，而引导性想象能够激发更高水平的 SCL，适合需要更高唤醒和控制表现的情境。自我产生的想象有助于训练自动化反应，适用于心理控制需求较低的场景；引导性想象则适合高压力比赛的心理准备。

根据不同训练和比赛需求，运动员可灵活选择引导性或自我产生的想象方式，以优化心理准备并提升运动表现。

3．信念的力量

信念在运动员的体育发展中起着关键作用，尤其在增强自信、集中注意力和提升动机方面。信念，即运动员对完成任务能力的自信，能够激发适应性情绪，帮助他们应对逆境、挑战和运动相关压力。此外，信念对管理未来表现焦虑和维持心理幸福感有显著作用。

动机是目标导向行为的强度，能够推动运动员展现更高的坚持性以实现目标。研究表明，具有高度动机的运动员即使在逆境中也能持续训练，为比赛中的最佳表现做好准备。

信念与动机是运动员心理训练的核心要素，不仅能提升运动表现，还对心理健康具有重要意义。这些发现强调了心理训练在竞技体育中的重要性。

综上所述，青少年运动员的心智成长是全面发展的过程，需要教练、家长、学校和社会的共同支持。

关注他们的心理需求，提供全面的培养，树立积极榜样，鼓励他们持续学习和自我提升，最终帮助青少年运动员在竞技场上取得优异成绩的同时，成为具备坚韧品质和全面素养的人才。

实践案例：心智引领卓越

在与长春亚泰足球俱乐部职业足球运动员小景的合作中，我深刻体会到体能训练对心智成长的深远影响。我们的合作始于2023年，跨越至2024年，两次特别的交流让我进一步认识到体育训练与心理学、认知科学的深层联系。正如《心智成长》一书所言，成长是一个逐步积累的过程，心智的提升同样需要时间和经验的沉淀。小景的训练目标不仅是增强力量、速度、爆发力和抗压能力，还着重在激烈对抗中提高稳定性。

训练初期，我引导他进入一种无杂念、无评判的状态："你能否完全投入当下，感受纯粹的运动体验？"伴随激昂的音乐响起，小景开始自由舞动，通过跳跃、打拳和冥想，展现了他的专注与潜能。正如《中国青少年足球运动员心理智能训练》中所述，心理与智能能力是竞技水平的重要支撑，尤其在青少年时期，心理发展迅速，影响深远，因此对青少年运动员进行长期心理智能训练和追踪研究至关重要。

随着训练的深入，小景的心智成长逐渐显现。他学会了如何控制呼吸，如何在压力下保持冷静，如何在失败后迅速恢复。这些技能不仅在足球场上至关重要，对他的生活也大有裨益。书籍《野蛮进化》中提到，传奇私人教练蒂姆·S.格罗弗（Tim S. Grover）在20年内改变了乔丹、科比和韦德等众多球员的心智，他们的训练中80%专注于心智的锤炼与精神力量的塑造，仅20%用于身体和技术的打磨。

小景的进步正是这种由内而外转变的体现。他不仅在塑造肌肉，更是在磨练意志力与决心。每一场训练都是一次自我对话，每一次突破都是自我超越。正如《野蛮进化》所述，这是一种心智层面的锤炼，通过持续训练，小景逐渐实现了从本能反应到内外一致，直至进入"专注忘我"的境界。

作为他的教练，我深感荣幸能见证并参与这一过程，帮助他在体能训练中实现心智的飞跃。这是一场身体与心智的双重旅程，而我们正是这旅程中的同行者。小景的故事生动诠释了体能训练如何转化为心智成长，展示了运动员在追求卓越中实现自我超越和心灵成长的过程。他的心智成长不仅提升了运动表现，更为个人发展奠定了坚实基础。

后记

青少年运动员、家长和教练的故事

我和李导

有人说求学的路是艰苦的，起初我也是这样认为的，我很不适应这样的环境，我在想我应该如何度过这艰难的 21 天，也就是三周时间呢？来的第一天，我的心情非常不好，甚至都想回家了。但是慢慢地，我在自然环境的训练场中逐渐感觉舒适，我才真正明白：一个好的环境可以为人们治愈任何伤病。

当我慢慢适应了这里，我也就爱上了这里。安静的环境可以让我静下心来思考，也可以让我疲惫的身心得到治愈。我喜欢跟任何三观正而且自律的人聊天，因为这样对我来说也是一种进步，所以我发现我和李导的灵魂才如此契合。有时候，我更觉得精神食粮比强壮的身体更重要，和李导聊天让我学到了很多。我记得 2022 年时，我和李导仅相处了一天，当时就对我产生了不小的改变。

我一直觉得冲凉水澡是我做过最正确的事情，看着我的队友中有人一个月生病一次，我就觉得李导是真的把所有对的东西和事情告诉了我，让我的抵抗力越来越强。

在这 21 天开始之前，我甚至连最基本的跑姿都不会，深蹲除了队里基本没有练过，在那段时间里，我才真正意识到训练是快乐的，是每天期待的。我那时每天都期待着自己能突破新的高度，我觉得这才是训练的真正意义。

之前，我觉得自己的身体很好，和同龄人比稍好，但是现在看到了进步的空间，也认识到了力量和速度是多么重要，所以我现在总是加练自己的身体。我相信，自律的人和要强的人最终不会有很差的结果的。

直到现在，我更加坚信：一切的比赛都是需要身体做支撑的。没有一个好的身体，任何事情都不会成功。身体是革命的本钱，我很赞同这句话。在我当队长的时候，看着自己比别人粗一圈的胳膊上戴着队长袖标时，我就莫名地感受到了一种自信的力量，那一刻我觉得任何人都不如我，我是最好的。

这一切的变化，都是这 21 天给我带来的，很感谢李导给我的帮助。后来，我和队友聊天，他们都觉得我这 21 天花了那么多钱不值，我想说的是，只有我自己知道其中的价值，我甚至觉得这段时间是无价的，这 21 天给了我太多太多。有了更好的身体，我踢了更多的比赛，肉眼可见地进步了好多好多，但是有些东西我还是做得不好，没有始终如一地坚持做一些事情。但是我一定会努力去做的，永远在路上，感谢李导！

景泊羲

职业足球运动员

与李拼命教练的羁绊

作为一位男孩儿的父亲，我最不后悔的决定就是让孩子接触并爱上体育，养成终身运动的习惯。伽一在 4 岁的时候，很偶然地通过轮滑运动接触上了短道速滑这个项目。每天两小时左右的半专业训练，就这么坚持下来了，风雨无阻，成了生活的一部分。中间也学习过空手道、篮球、搏击、击剑。伽一都很有兴趣，但投入精力最多且热爱的，还是短道速滑。我小时候没有条件，也没机会接受专业的运动训练，只是觉得疯跑瞎玩的时候人最快乐。孩子的童年就应该这样，把身体交给运动。后来我看了一些教育理论的书，发现运动不仅仅是简单的体能活动，也是一种身心双重成长的途径。

运动带给孩子的，不仅仅是强健的体魄，更重要的是对自我的认知与管理能力。在早期训练的过程中，我见证了孩子如何通过不断的尝试与失败，找到克服困难的方法。他逐渐明白，运动不仅是赢得比赛，更是锻炼自己面对挫折的能力，塑造坚持不懈的品质。而这种精神，正是孩子未来成长道路上不可或缺的宝贵财富。

在孩子早期的训练阶段，我们作为家长的关注点主要集中在比赛成绩，忽略了体能基础对长远发展的重要性。这种片面的认知导致孩子在专项训练中逐渐显露出短板，尤其是在力量、协调性和耐力方面表现不足，影响了整体运动水平的提升。特别的一点：孩子有了运动损伤怎么办？这几乎成了我的心病。

　　我是在抖音上偶遇李拼命教练的，他关于青少年运动员体能训练的底层逻辑打动了我。偏巧他当时有个线下的训练场地，正好在伽一篮球训练场地的旁边。就这样一头撞进去，让伽一和拼命教练结识了。拼命教练对伽一测试那次就不多说了，拼命教练的记录都是准确的。

　　作为一个家长，我想补充的是，教练和运动员之间最难得的是心灵上的相通，是相互理解、相互信任、相互激励、相互共鸣。伽一虽然当时只有 11 岁，但他已经有了自己的想法，遇事都要问一个"为什么"：为什么这么练？为什么不那么练？有没有更好的练法？伽一的其他教练都对他的提问不厌其烦，但是拼命教练却很兴奋，伽一的每一个问题，他都认真思考、认真回答。他觉得小运动员自己的体感最有价值，任何运动理论都应该在人身上得到真实的反馈。

　　作为一名专业体能教练，李教练深谙与青少年运动员建立信任的关键。他没有一开始就严格要求孩子，而是通过耐心的交流和观察，找准孩子的性格特点和身体弱点。他的训练风格既严谨又富有亲和力，善于用鼓励和引导的方式帮助孩子逐步融入体能训练，建立起自信心和对训练的兴趣。

　　李教练擅长从细微处着手，特别注重与孩子之间的沟通与互动。他深知青少年运动员需要的不只是身体上的训练，还有心理上的引导和支持。他会在训练间隙与孩子聊一些轻松的话题，比如日常生活中的趣事或者孩子喜欢的话题，用轻松的氛围缓解他们的压力，消除他们对训练的抵触情绪。

训练结束后，李教练也会主动询问孩子的感受，细致观察他们的身体状态和心理变化，及时调整训练的节奏和方法。这种理解和耐心的沟通方式，让孩子迅速接受了李教练的指导，并逐渐把他视为值得信赖的引路人，愿意在他的带领下不断挑战自我，追求进步。

一个优秀的体能教练不仅负责传授技术，更在精神上支持和鼓舞运动员。李教练通过科学的训练计划和悉心的引导，让孩子逐渐克服了对体能训练的畏难情绪，体会到了身体逐步强健所带来的成就感。

经过与李教练一年多的合作，我和孩子都对体能训练有了全新的理解。体能训练不再只是单纯地跑圈或举重，而是一套系统、科学的方法，旨在全面提升孩子的运动素质，强化力量、耐力、柔韧性和协调性，从而为专项运动奠定坚实的基础。

李教练为孩子量身定制了个性化的训练方案，循序渐进地帮助他突破身体的极限。他结合孩子的身体状况与专项运动需求，设计了包括核心力量训练、灵敏性练习和爆发力提升等多个模块。例如，针对短道速滑所需的下肢力量，李教练安排了深蹲、箭步蹲和单腿硬拉等训练，逐步提高孩子的稳定性和爆发力；在灵敏性训练中，他运用敏捷梯和小障碍物练习，增强孩子的反应速度和步法灵活性。此外，李教练还强调训练的趣味性，在枯燥的重复练习中穿插游戏化的竞赛环节，激发孩子的积极性。

每一个训练动作，李教练都耐心讲解，逐一纠正，甚至亲自示范，确保动作的标准性和训练质量的高效达成。这种细致的指导不仅让孩子的体能显著提升，也帮助他建立了清晰的自我认知：面对挑战要坚持努力，突破自己的极限。同时，孩子也在训练中逐渐找到乐趣，感受到努力带来的成就感与成长的动力。

后来，因为拼命教练要回老家实践他自己的"李拼命训练基地"，伽一暂时不能每周两次线下接受拼命教练的指导。师徒两人开始还尝试通过视频远程训练，遇到身体上的问题，伽一还是习惯性地微信联系拼命教练。

愿李教练的书稿顺利出版，将他宝贵的执教经验分享给更多人。祝愿您在未来的执教生涯中，继续培养更多优秀的青少年运动员，帮助他们在体育的道路上追逐梦想，实现自我！

王伽一的父亲

2024 年 12 月

重新认识体能——
青少年职业羽毛球运动员的妈妈

孩子打球两年后，也不记得是从哪里听说了"体能"这个概念。在疯狂地搜索信息后，找到了"李拼命体能"，便开启了对体能的认知与探索。孩子的主要项目是羽毛球，最初的目标是希望在体能与专业训练的双重夹击下，迅速提升各项指标，且能更快取得好成绩。

我最开始认为体能就是一项运动，具体能带来什么，或者它对孩子未来的运动生涯能起到的作用，完全没有概念。然而，在持续训练和了解更多信息后，体能刷新了我的认知。

作为运动训练的重要内容，体能训练是提高体育运动成绩的关键因素。在体育运动中，任何类型的运动都需要体能的支持才能完成，因此体能训练成为顺利进行各类体育运动的基础。体能训练是提高运动员综合专项竞技能力的前提，一定要与专项体育运动相结合。在运动训练过程中，应该更加重视体能训练对专项运动成绩提高的重要性。我对此的理解，还是在专业教练的评估下才建立起来的。

有一次，孩子在专业队的训练结束后，教练的评估是："能力太差，需要使劲练"。对于这个评估，我脑子当时一片空白，不知道该往哪个方向使劲。我们已经利用每周的休息时间进行专项训练，自认为很努力了。然而，通过再次深入了解才发现，如果想打好球，必须首先达到基本的体能要求，例如核心力量、速度等。方向错了，结果往往事倍功半的。

在体育运动中，体能通过力量、速度、耐力、协调、柔韧、灵敏等运动素质表现出来，是运动员竞技能力的重要组成部分。体能训练的核心内容是发展专项运动所需的基础能力。体能训练是顺利完成各项运动训练的基础，如果没有好的体能，技能训练、战术训练等必将流于形式；没有高效的体能训练，体育竞技能力的提高就难以保证。教练的一句简单评估，让我作为一个二级班储备运动员的家长，重新对体能的重要性有了新的认知。送孩子回队的路上，我问他："体能在你的专项训练及身体上，你觉得它的作用是什么？"，孩子的回答还是很令我意外的，他说："首先是防伤防病。"一个13岁的孩子，未来希望做个专业运动员，他居然告诉我体能的关键是防伤病，而不是我们期待的能力提高，然后才是专业基本能力的重要性，排序完全出乎我的意料。

　　为了更好地理解防伤防病，我特意给孩子打电话，让他再说一下是如何理解的，他回答说："可以加强肌肉的稳定性，避免受伤，防止关节疼痛。"这或许就是他自己的体会吧！无论是在专业的提高还是自身保护上，体能会成为我们后续训练中的重中之重。希望我略知一二的分享，能对其他人有帮助。

羽毛球小将的妈妈

《感谢信》——足球小将的父亲

李老师：

　　您好！我家孩子先天身体不好，八岁前整天被疾病折磨，不能正常饮食、睡觉，全家人一直为孩子的健康担忧。虽然孩子从小喜欢踢足球，但因身体瘦弱在球场上没有优势。自从 2022 年 9 月在线上学习李老师的体能课以来，他的身体素质逐步提高，最先改变的是跑姿（原来跑步左右摇摆很厉害），紧接着速度和爆发力明显提高，敏捷、平衡、协调能力增强。此外，他的饭量也增加了，睡眠质量提高，很少生病。更让我们没想到的是，在 2023 年 9 月他被职业足球俱乐部梯队选中。

但是，随着梯队足球训练和比赛强度的增加，对他这样身材矮小的队员要求也越来越高。我们依然坚持每周抽出 2 天时间进行体能训练，重点练习年课中的进阶部分。同时，在李老师的远程指导下，每天坚持进行呼吸训练和冷水浴。特别是假期时前往李老师的训练基地，接受身体测试和训练，并制订了专项的体能训练计划。经过 2 个月的系统训练，孩子的核心力量明显增加，现在可以在平衡垫上拿 6 公斤壶铃的叶问蹲，身体指标也大幅提高（晨起心率 50 次 / 分左右，血氧饱和度约 98%，憋气时间最长 2 分 21 秒）。在足球训练和比赛时，他敢于主动用身体对抗，且常常不落下风。最让我们惊喜的是，孩子在高强度的训练和比赛中很少有疲劳和伤病发生。我们全家非常荣幸遇到李老师，真诚感谢李老师毫无保留的付出！感恩！

何可洋家长

2024 年 12 月 16 日

参考文献

1. Collins D, MacNamara Á, McCarthy N. Developmental biographies of Olympic super-elite and elite athletes: A multidisciplinary pattern recognition analysis[J]. Journal of Expertise, 2016, 2(1): 1-14.

2. Myer G D, Faigenbaum A D, Ford K R, et al. When to initiate integrative neuromuscular training to reduce sports-related injuries and enhance health in youth[J]. Current Sports Medicine Reports, 2011, 10(3): 155-166. https://doi.org/10.1249/JSR.0b013e31821b1442.

3. International Olympic Committee. Consensus statement on youth athletic development[R]. International Olympic Committee, 2015. https://olympics.com/ioc/documents/athletes/medical-and-scientific-consensus-statements.

4. Post E G, Trigsted S M, Riekena J W, et al. The association of sport specialization and training volume with injury history in youth athletes[J]. The American Journal of Sports Medicine, 2017, 45(6): 1405-1412. https://doi.org/10.1177/0363546517690848.

5. Güllich A, Emrich E. Evaluation of the support of young athletes in the elite sports system[J]. European Journal for Sport and Society, 2006, 3(2): 85-108. https://doi.org/10.1080/16138171.2006.11687783.

6. Moeskops S, Oliver J L, Read P J, et al. Practical strategies for integrating strength and conditioning into early specialization sports[J]. Strength & Conditioning Journal, 2022, 44(1): 34-45. https://doi.org/10.1519/SSC.0000000000000665.

7. Faigenbaum A D, Meadors L. A coach's dozen: 12 FUNdamental principles for building young and healthy athletes[J]. Strength and Conditioning Journal, 2010, 32(2): 99-101. https://doi.org/10.1519/SSC.0b013e3181d555c9.

8. Balyi I, Hamilton A. Long-term athlete development: The system and solutions[M]. Coaching Association of Canada, 2004.

9. Thompson C, Stearns R. Combining cooling or heating applications with exercise training to enhance performance and muscle adaptations[J]. Strength & Conditioning Journal, 2018, 40(2): 87-97. https://doi.org/10.1519/SSC.0000000000000374.

10. Samuels C H. The value of sleep on athletic performance, injury, and recovery in the young athlete[J]. Physician and Sportsmedicine, 2008, 36(1): 123-128. https://doi.org/10.3810/psm.2008.12.1385.

11. Faigenbaum A D, Myer G D. Strength training for children and adolescents[J]. Clinical Sports Medicine, 2010, 29(2): 593-620. https://doi.org/10.1016/j.csm.2010.03.009.

12. Ingle L, Sleap M, Tolfrey K. The effect of a complex training and detraining programme on selected strength and power variables in early pubertal boys[J]. Journal of Sports Sciences, 2006, 24(9): 987-997. https://doi.org/10.1080/02640410500457117.

13. Faigenbaum A D, Kraemer W J, Blimkie C J R, et al. Youth resistance training: Position statement paper and literature review[J]. Strength and Conditioning Journal, 2009, 31(6): 30-47. https://doi.org/10.1519/SSC.0b013e3181b8c5e6.

14. Bergeron M F, Mountjoy M, Armstrong N, et al. International Olympic Committee consensus statement on youth athletic development[J]. British Journal of Sports Medicine, 2015, 49(13): 843-851. https://doi.org/10.1136/bjsports-2015-094962.

15. Faigenbaum A D, Milliken L A, Moulton L, et al. Effects of different resistance training protocols on upper-body strength and endurance development in children[J]. Journal of Strength

and Conditioning Research, 2005, 19(3): 698-707. https://doi.
org/10.1519/14493.1.

16. Matos N, Winsley R J. Trainability of young atheltes and
overtraining[J]. Journal of Sports Science and Medicine, 2007,
6 (3): 353-367.

17. Haapala E A, Leppänen M H, Skog H, et al. Childhood physical
fitness as a predictor of cognition and mental health in adolescence:
The PANIC study[J]. Sports Medicine, 2024. Advance online
publication. https://doi.org/10.1007/s40279-024-02107-z.

18. Wagner K, Greener T, Petersen D. Working with athletic
trainers[J]. Strength and Conditioning Journal, 2011, 33(1):
53–55. https://doi.org/10.1519/SSC.0b013e3182079d6c.

19. Menting S G P, Hendry D T, Schiphof-Godart L, et al. Optimal
development of youth athletes toward elite athletic performance:
How to coach their motivation, plan exercise training, and pace
the race[J]. Frontiers in Sports and Active Living, 2019, 1:
Article 14. https://doi.org/10.3389/fspor.2019.00014.

20. Perreault M E, Gonzalez S P. Generalize over specialize:
Examining the long-term athlete development model to optimize
youth athlete development[J]. Strategies: A Journal for Physical
and Sport Educators, 2021, 34(2): 38-45. https://doi.org/10.1080/
08924562.2021.1896914.

21. Ford P, De Ste Croix M, Lloyd R, et al. The long-term athlete
development model: Physiological evidence and application[J].
Journal of Sports Sciences, 2011, 29(4): 389–402. https://doi.org/
10.1080/02640414.2010.536849.

22. Bergeron M F, Mountjoy M, Armstrong N, et al. International
Olympic Committee consensus statement on youth athletic
development[J]. British Journal of Sports Medicine, 2015,
49(13): 843–851. https://doi.org/10.1136/bjsports-2015-094962.

23. Balyi I, Hamilton A. Long-term athlete development:
Trainability in childhood and adolescence—Windows of
opportunity, optimal trainability[M]. Victoria, BC: National

Coaching Institute British Columbia & Advanced Training and Performance Ltd, 2004.

24. Li F Y, Guo C G, Li H S, et al. A systematic review and net meta-analysis of the effects of different warm-up methods on the acute effects of lower limb explosive strength[J]. BMC Sports Science, Medicine and Rehabilitation, 2023, 15(1): Article 29. https://doi.org/10.1186/s13102-023-00703-6.

25. Olsen O E, Myklebust G, Engebretsen L, et al. Exercises to prevent lower limb injuries in youth sports: Cluster randomised controlled trial[J]. BMJ: British Medical Journal, 2005, 330(7489): 449. https://doi.org/10.1136/bmj.38330.632801.8F.

26. Owoeye O B A, Akinbo S R A, Tella B A, et al. Efficacy of the FIFA 11+ warm-up programme in male youth football: A cluster randomised controlled trial[J]. Journal of Sports Science and Medicine, 2014, 13(2): 321–328. https://doi.org/10.7319/JSSM.2014.13.02.321.

27. Chtourou H, Chaouachi A, Hammouda O, et al. Listening to music affects diurnal variation in muscle power output[J]. International Journal of Sports Medicine, 2012, 33(1): 43–47. https://doi.org/10.1055/s-0031-1284398.

28. Menezes G B, Alexandre D R O, Pinto J C B L, et al. Effects of integrative neuromuscular training on motor performance in prepubertal soccer players[J]. Journal of Strength and Conditioning Research, 2022, 36(6): 1549–1555. https://doi.org/10.1519/JSC.0000000000003666.

29. McQuilliam S J, Clark D R, Erskine R M, et al. Free-weight resistance training in youth athletes: A narrative review[J]. Sports Medicine, 2020, 50(9): 1623–1640. https://doi.org/10.1007/s40279-020-01307-7.

30. Christou M. Effects of resistance training on physical capacities of adolescent soccer players[J]. Journal of Strength and Conditioning Research, 2006, 20(4): 902–908. https://doi.org/10.1519/R-18474.

31. Lloyd R S, De Ste Croix M, Oliver J L, et al. Youth resistance training: Position statement paper and literature review[J]. British Journal of Sports Medicine, 2014, 48(7): 498–505. https://doi.org/10.1136/bjsports-2013-092952.

32. Campos G E, Luecke T J, Wendeln H K, et al. Comparison of 1 and 2 days per week of strength training in children[J]. European Journal of Applied Physiology, 2002, 87(1): 85–91. https://doi.org/10.1007/s00421-002-0681-6.

33. Barahona-Fuentes G, Huerta Ojeda Á, Chirosa-Ríos L. Effects of training with different modes of strength intervention on psychosocial disorders in adolescents: A systematic review and meta-analysis[J]. International Journal of Environmental Research and Public Health, 2021, 18(18): Article 9477. https://doi.org/10.3390/ijerph18189477.

34. Granacher U, Lesinski M, Büsch D, et al. Effects of resistance training in youth athletes on muscular fitness and athletic performance: A conceptual model for long-term athlete development[J]. Frontiers in Physiology, 2016, 7: Article 164. https://doi.org/10.3389/fphys.2016.00164.

35. Fernandez-Fernandez J, Sanz D, Sarabia J M, et al. Effects of high-intensity interval training on strength, speed, and endurance performance among racket sports players: A systematic review[J]. PLOS ONE, 2024, 19(1): Article e0295362. https://doi.org/10.1371/journal.pone.0295362.

36. Dallaway N, Lucas S J E, Ring C. Concurrent brain endurance training improves endurance exercise performance[J]. Journal of Science and Medicine in Sport, 2021, 24(4): 323–329. https://doi.org/10.1016/j.jsams.2020.10.008.

37. Weber V M R, Castro-Piñero J. Comparison between cardiorespiratory fitness and functions of cognitive control in adolescents: A tracking study of 3 years[J]. Pediatric Exercise Science, 2023, 35(2): 123–134. https://doi.org/10.1123/pes.2021-0175.

38. Zelano C, Jiang H, Zhou G, et al. Nasal respiration entrains human limbic oscillations and modulates cognitive function[J]. Journal of Neuroscience, 2016, 36(49): 12448–12467. https://doi.org/10.1523/JNEUROSCI.2586-16.2016.

39. Maughan R J, Burke L M, Dvorak J, et al. IOC consensus statement: Dietary supplements and the high-performance athlete[J]. British Journal of Sports Medicine, 2018, 52(7): 439–455. https://doi.org/10.1136/bjsports-2018-099027.

40. 贾丹兵，李乃民，唐立明. 红光照射对人体抗疲劳能力的影响 [J]. 解放军医学杂志，2007，32（10）：1231–1234. https://doi.org/10.3321/j.issn: 0577-7402.2007.10.024.

41. Budnik-Przybylska D, Syty P, Kaźmierczak M, et al. Psychophysiological strategies for enhancing performance through imagery–skin conductance level analysis in guided vs. self-produced imagery[J]. Scientific Reports, 2024, 14: Article 4532. https://doi.org/10.1038/s41598-024-04532-1.

42. Singh A, Arora M K, Boruah B. The role of the six factors model of athletic mental energy in mediating athletes' well-being in competitive sports[J]. Scientific Reports, 2024, 14: Article 53065. https://doi.org/10.1038/s41598-024-53065-5.

43. Zemková E, Hamar D. Sport-specific assessment of the effectiveness of neuromuscular training in young athletes[J]. Frontiers in Physiology, 2018, 9: 264. https://doi.org/10.3389/fphys.2018.00264.

44. Bruton A M, Wright D J. Watch and learn: Athletes can improve by observing the actions of others[J]. Frontiers for Young Minds, 2022, 10: Article 702784. https://doi.org/10.3389/frym.2022.702784.